感动八桂

广西公民楷模新闻人物谱

广西日报传媒集团 编著

李启瑞 主编

2014年·北京

编委会

总策划：李启瑞

主　编：李启瑞

副主编：于起翔　杨征文　尹如琴　钟桂发　夏海澄
　　　　梁锡训　王志珍

编　委：甘　毅　廖荣生　刘　军　陈　璞　黄　荣
　　　　王　庆　陈仕平　李宇宁　甘伟珊　李成连
　　　　刘游辉　刘　恒　周仕兴　杨子江　李仕生
　　　　许如金　刘晓春　叶　敏　陆继红

序一

让我们重温一组数据：108位参评对象、43名候选人、2个多月时间、5个媒体推介、65.7万张选票，推选出10名"广西公民楷模新闻人物"、10名提名人物、20名推荐人物、20名热心读者。就这样，我们从5000多万广西各族人民当中，将群众心目中的公民楷模聚集到同一束聚光灯下。

这是一项不用填表的评比，因为所有参评者都是读者熟悉、网民关心、群众公认的新闻人物，就是我们自己的亲人。其中许多人物早已获得过全区、全国级甚至国际的荣誉，他们的口碑胜过所有的金杯银杯。

这是一项以小见大的评比，因为所有参评者都是以平凡的身份、感人的事迹出现，正是因为平凡却一以贯之，才闪耀出人性的光辉和道德的崇高，聚沙成塔地感动广西、影响社会。

这是一项极为朴实真诚的评比，因为所有参评者以"公民"的名义，通过新闻的传播，穿越时间和行业的局限，暖暖地抵达人心，通过公众投票，以火爆的人气脱颖而出，从而折射出全社会所崇尚的真善美。

今天，让我们一起把掌声、鲜花、赞扬尽情地献给公民楷模，就像敬畏"头顶的星空和心中的道德法则"那样，将公民楷模的精神力量内化到我们血液之中，推动我们事业的发展！

——广西日报传媒集团党委书记、董事长、总编辑李启瑞在2012年首届"广西公民楷模新闻人物"评选活动颁奖典礼上的致辞

序二

这是一个"最美"辈出的时代。一个个最美农民、最美教师、最美消防员……被发现、被命名、被传扬。有人说,现在"最美"太多了。不,如果美在质朴,美得真实,再多也不流俗!因而,我坚定地说:像公民楷模这样传递正能量的"最美"人物,越多越珍贵!在我们对公民楷模表达崇高敬意的同时,对于深入基层、热心采写公民楷模的记者们表示衷心的感谢!

什么是最美?"最美"不在于高富帅、白富美,不在于黄金、钻石、珍珠链,虽然我们同样拥有这个财富涌流的时代。"最美"在于芸芸众生瞬间突发的良知,而这种兼具人性光辉与公民道德的良知,又能持之以恒,甚至行善终生。他们,就是我们心中"最美"的公民楷模。

什么是最美?最美在于群众。2013年"广西公民楷模新闻人物",是从广西日报传媒集团旗下各媒体所报道的众多平凡人物中推出20位候选人,通过读者、网民74.4万张选票评选出来的,完全是"从群众中来,到群众中去"。12位公民楷模是"群",74.4万读者、网民,加上广泛关注活动的社会各界人士,就形成了海量的"众"。公民楷模这个"群",这个"众",用"最美"的故事感动广西,有的甚至感动中国,他们将人生观、价值观、世界观的"最美"波涛,一轮轮地推上"中国梦"的黄金海岸。

人类良知永存,公民楷模常青!

——广西日报传媒集团党委书记、董事长李启瑞在2013年"广西公民楷模新闻人物"评选活动颁奖典礼上的致辞

目录

2012年广西公民楷模新闻人物 / 001

精诚大医——蓝　云 / 003

护林老人——庞祖玉 / 009

最美教师——石兰松 / 015

组织基石——王　辉 / 021

公益老板——陶建明 / 035

微笑凤凰——农凤娟 / 041

敬老妹子——李日芬 / 046

感恩老农——李福全 / 052

浓烟英雄——谈夏林 / 057

热血姐妹——黎氏三姐妹 / 064

2012年广西公民楷模新闻人物提名奖 / 071

最美警嫂——黄武英 / 072

独腿交警——赵　鹏 / 079

80后"无畏姐"——植志毅 / 085

维和部长——张久生 / 089

舍生忘死的好警官——陆海宁 / 095

深情妻子——杨海英 / 101

守护生命的天使——临终关怀服务者 ／ 105

知心大姐——张卫芳 ／ 111

无私育人者——班爱花 ／ 116

鱼水情深的典范——15名救人农民 ／ 121

2013年广西公民楷模新闻人物 ／ 127

生命禁区守望者 医护一线白求恩——禁区天使杜丽群 ／ 129

激流突显桥兄弟 铁肩搭起救生梯——最美战士农本豪、谭忠能 ／ 136

三代护疆家国事 廿载巡边哨兵魂——边防哨长陆兰军 ／ 141

悬壶济世当卫士 治病救人作前锋——最美医生李前峰 ／ 147

早出晚归田舍翁 劈山筑路新愚公——"路痴"老人周茂发 ／ 153

折翅不坠凌霄雁 逆风依旧向日葵——无腿少年张凤 ／ 159

爱心每随车轮动 言行全与雷锋同——爱心"的姐"姚海燕 ／ 165

高尚品德孝为首 美好情谊义当先——孝心兵哥何高美 ／ 170

有心赠花香在手 无名栽柳春满城——隐身善者余柳春 ／ 178

当年获赠一滴水 今日回报三春恩——助人村干杨昌明 ／ 183

远在雪域有遗爱 何处春江无月明——最美"玥"光何玥 ／ 190

舍己义举恸柳水 青春无悔壮龙城——舍己青年梁家驹 ／ 197

附录 《南国今报》2008—2013年"公民楷模新闻人物"名录 ／ 203
后记 ／ 206

2012 年
广西公民楷模新闻人物

精诚大医
蓝 云

你以无尽赤诚善待病人,以赤子之爱对待父老乡亲。医者仁心,一个服务在最基层的乡村医生,不仅凭医术,更凭仁爱感动世人——你是当之无愧的"人民健康好卫士"、"瑶乡生命守护神"。

蓝云的妻儿在颁奖礼上

蓝云在给百姓看病

身份：乡村医生

主要事迹：蓝云生前是大化瑶族自治县板升乡弄丛村一名普通的村医。他扎根基层十余年，视乡亲为亲人，把病人当家人，时刻为患者着想，被称为"生命的守护神"。2011年5月6日，43岁的蓝云因病医治无效逝世。2011年11月23日，国家卫生部追授蓝云同志"人民健康好卫士"称号。2011年底，蓝云入围2011年度央视"感动中国"人物候选人。

【报道代表作】

蓝云礼赞

"天上钩钩云,地上雨淋淋;天有城堡云,地上雷雨临……"

身为山里人,谁人不识云?看云识天气,预知雨或晴。

更有一朵"云",是山里人的一片天,为乡亲们送来及时雨。守护健康,解除病痛,"云"到之处,阴霾顿消。

"人民健康好卫士"、自治区优秀共产党员蓝云,弃教从医十余载,坚守深山,救死扶伤,至死不渝,被誉为瑶乡"生命守护神"。

祥 云

瑶乡大化最偏僻的乡村——板升乡弄丛村。这里千山万峁,乱石成堆,交通闭塞,发展滞后,世代贫穷。

1988年,蓝云高中毕业,成为一名代课教师。同为山里人,他期望用知识改变山村的贫穷面貌。

然而,教学之外,目睹山区百姓备受病痛折磨,有的还丧失了宝贵生命,蓝云感同身受,心潮难平。

于是,教书之余,他自学医术,随后到都安卫校进修三年,取得行医资格证。

2000年8月,蓝云改行,弃教从医。

从此,深山有了自己的医生。

半路出家,蓝云倍加用心。他刻苦钻研医术,时刻把群众健康挂在心上,不论白天黑夜、刮风下雨,他翻山越岭,走村串户,以精湛医术、高尚医德赢得乡亲们的尊敬。

可惜,命运弄人。2006年,蓝云患上鼻咽癌,且日趋严重。

昔日救人,今日自救。蓝云四处寻医,倾家荡产,家徒四壁。

村民捐款相助，政府免费治疗……即便各界爱心接力，仍未战胜死神。2011年5月，蓝云不幸离世。

他的离去，给瑶乡留下无尽遗憾，人们有感而发，创作一首《祥云》，传唱他的精神：

你是一朵祥云，飘在瑶家的乡村，化作滴滴甘露，滋润远近乡邻；你是一朵祥云，呵护每个亲人，你是白衣天使，温暖每一颗心……

白 云

一袭大褂，白衣在身，使命在心。

蓝云背上药箱，行走乡里，把所学知识全部献给乡亲。他像一部高速运转的机器，不分昼夜，随叫随到，马不停蹄。

一天深夜，农妇夏美娥身体不适，摸黑从抽屉里找一瓶药喝下。一会儿便上吐下泻、鼻青脸肿，昏迷不醒，情况危急。

蓝云赶到，打开抽屉，发现半瓶甲胺磷。

他立即呼叫救护车，一边输液，一边转移。跑步行进3个小时、20多公里，才把病人抬到在公路边等候的救护车上。

第二天，夏美娥脱险获救。

村民蒲亨世的女儿出生不久，突患重病，高烧昏迷，奄奄一息。夫妇俩惊慌失措，看都不敢看，村里人劝他们弃之荒野。

爷爷于心不忍，一大早背着孙女，找到蓝云。

蓝云一看，孩子眼睛紧闭，呼吸微弱。他立即采取措施，紧急抢救。从早到晚，直至凌晨，女婴终于哭出声来。

百般焦急的爷爷喜极而泣，泣不成声。

白衣天使，救死扶伤，处处撒播爱心。对于蓝云，这是职业习惯，更是一种本能反应。

2010年10月的一天，上丛屯葛奶奶的3岁孙子癫痫发作，突然昏迷倒地，口吐白沫，全身痉挛。

孩子送到诊所，蓝云稍作检查后，掐人中、胸外按压、人工呼吸……没过多久，孩子苏醒了。

诸如此类，不胜枚举。

瑶乡弄场里、乡道上，处处留下蓝云的脚印。他十年跋涉，救人无数，如一朵白云，用洁白无瑕的心，呵护每一个生命。

浮 云

群众健康，蓝云看得比生命还重；身外名利，他看得比浮云还轻。

方圆十里，只有一家诊所，蓝云并未趁机赚钱，而是坚持薄利经营。对困难群众，他常免费诊治，不计得失。

多年来，他的诊所每月仅有六七百元收入，再无其他经济来源。

2007 年，他病情加重，连续几次放疗，花费数万元。高额医疗费用使得家里债台高筑。

"村民那么信任我，我的病万一治不好，今后他们找谁看病？"冥思苦想，蓝云不顾家贫子幼，决定让妻子去学医，准备接班。

家人和乡亲们获知，都不赞成，也不愿借钱给他。更有甚者，传一些闲言杂语，担心他的妻子到外面后远走高飞。

知妻莫如夫，患难见真情。

蓝云丝毫未动摇。他终以治病为名，借钱送妻到卫校就读。妻子在校学习，也放心不下家里，每隔两周就回家探亲。

一有机会，蓝云就带妻子下乡，向乡亲们推介："她比我学得还全面，今后你们可以放心让她看病。"渐渐地，大伙接受了蓝云妻子。

然而，由于借钱送妻读书，蓝云耽误了治病。2009 年 7 月，妻子学成归来，蓝云却已病入膏肓。"有你接班，我就放心了！"蓝云像是卸下重担，满脸欣慰，一声叹息。

如今，妻子背上药箱，行走在丈夫走过的乡村小路上。

他健在时，夫唱妇随；他走后，妻承夫业——还有什么，比这更令人感动？

蓝云回眸应笑慰，擎旗已有后来人。

（原载《广西日报》2011 年 11 月 24 日第 1 版、第 2 版，作者：周仕兴）

【记者手记】

"瑶乡生命守护神"——父老乡亲口碑"授予"的;"人民健康好卫士"——国家卫生部和自治区党委授予的。

作为一名乡村医生,蓝云获得了至高无上的荣誉。

蓝云本是一名教师,但他目睹乡村百姓缺医少药、看病艰难的境况后,毅然弃教从医,并为此付出了毕生的心血,鞠躬尽瘁,死而后已。

在蓝云罹患癌症,自知时日不多后,他自费送妻子去学医,如今,妻子已接过他的接力棒,行走在乡间的小路上。

过去,在大瑶山深处,蓝云和他的诊所是老百姓的希望之灯。在他去世后,他的诊所前挂上了一盏"长明灯",这既是百姓有病时的救护指向,更是蓝云精神的永久象征。

蓝云精神长存。

(作者:周仕兴)

护林老人
庞祖玉

你的一生,低调而热烈,充满了传奇色彩;你的一生,清贫而丰富,充溢着独有的快乐;你的一生,单纯而漫长,从头到尾都诠释了一个共产党员崇高而朴素的追求——无私奉献。

庞祖玉在颁奖礼上

庞祖玉带上伙伴"家龙"巡山

身份：国有农场退休职工

主要事迹：88岁的庞祖玉是国有长春农场的退休职工。年轻时，他是新中国的首批垦荒者、首届全国劳模，曾三次到北京接受毛泽东等党和国家领导人的接见；年老后，他独自隐居山林，克服山中无水无电的艰辛与不便，每天义务巡山，守护国家林木。

【报道代表作】

大山深处,那朵不散的云
——博白县88岁退休老党员庞祖玉的人生坚守

在博白县云开大山深处,隐居着一位88岁高龄的老人。他的青年时代经历非凡——作为首届全国劳模,三次上京接受毛泽东、刘少奇、周恩来、邓小平等党和国家领导人的接见。

他晚年不愿"毫无用处地活着",弃享清福结庐深山,守护属于国家财产的山林、这片半个世纪前他挥洒血汗参与开垦出来的土地。

白云深处寻隐者

3月3日上午,雾漫大地。

我们来到广西农垦长春国有农场,问起庞祖玉老人的隐居地,农场场长刘伟荣用手遥指村外云开大山上的云雾缭绕处:"就在那里。"

抵达山口,看见团团白雾从山谷间升起,一座掩映在大树下的小屋露出轮廓。这是一座面积不足30平方米的红砖小屋。紧闭的木门表示庞祖玉已出门巡山。约15分钟后,一条大黄狗跳上山坡,接着出现了一个老人的瘦削身影。

老人右手提一把弯镰刀,左肩挑一小担长草,看见我们,热情地跟我们打招呼。

我们近距离端详这位神秘的老人:眼窝深陷、皱纹密布、全身清瘦,双手的皮肤是老树皮般的褐色。令人惊奇的是,88岁高龄的他竟然头发乌黑,眼神里光芒闪烁。

老人打开屋门,借着点燃的煤油灯,屋内面貌隐约显现:左边是一张木床,挂有蚊帐,铺有被褥;正面是一张木桌,上面堆满了平时用的杂物;右边是一张小饭桌,上有锅碗瓢盆。一切都很旧。屋外还有一小间伙房,内有一个火灶、一堆干柴。

老人说，自 1997 年上山起，他就一个人住在这里，已经近 15 年。他每天的工作只有一项——巡山看护果树林木。早上天刚亮他就起床，大约在 8 时出门，中午返回，下午再出去一趟。

吃过午饭，老人安静地坐在门口的大树下，架起水烟筒，一边抽烟，一边向我们回忆起他那坎坷而传奇的一生。

那些遥远的岁月

1924 年 6 月，庞祖玉出生在博白县亚山镇一个普通的农民家庭。自 20 世纪 50 年代初开始，百废待兴的新中国掀起了垦荒大潮。获得新生、正值壮年的庞祖玉满腔热情地投入了当地农场的垦荒运动。

劳动中，凭着不息的干劲和聪明的头脑，庞祖玉很快成为当地知名的劳动能手。开垦梯田中，他创造的"上挖下垒"之法使劳动效率提高了三分之一，并被广泛推广。1955 年，他光荣加入中国共产党。

1956 年，庞祖玉迎来了他生命中的辉煌时刻。这一年，他被评为首届"全国劳动模范"，踏上前往北京领奖的列车。毛泽东、刘少奇、周恩来、邓小平等党和国家领导人与他以及所有的劳模一一握手并合影留念。

最难忘的记忆来自 1959 年 10 月 1 日。这一天，他受邀登上天安门观礼台，与毛主席握手合影后，观看了建国 10 周年庆典。

这时的庞祖玉，在当地已是光芒四射，但他并没有在光环中迷失。

组织数次想提拔他，却一次次得到他这样的婉拒："我没有文化，做不好领导，会对不住国家。"就在他淡泊名利之时，却收获了爱情。农场女职工陈益珍爱上了他，成为了他的妻子。

岁月如梭。当年荒芜的山岭早已是一片苍翠，垦荒人却走向了衰老。1985 年，庞祖玉已是花甲。就在其他人开始安享晚年之时，他火热的心却无法冷却。

退休不到一个月，耐不住清闲的庞祖玉就向农场承包了 5 个山头的 650 株老橡胶树。在他的精心护理下，这些濒临淘汰的"残桩树""重获青春"，产量回升。

转眼又是 12 年。1997 年，长春农场调整产业结构，砍胶树种果树。这时，已是 73 岁高龄的庞祖玉仍积极响应号召，带领全家老少上山挖坎、备肥、种果树。

为便于护理果园，庞祖玉不顾家人重重劝阻，在山上建起一座红砖小屋，从此独居山林。这一住，就是15年。

一个人的孤独与快乐

独居山林的15年，庞祖玉如何克服生活上的不便，如何对抗漫长的孤寂？

平日，庞祖玉很少下山，偶尔趁圩日买点米、肉等。屋前的山坡下，有他开出的几块菜地，种些蔬菜瓜果，基本满足生活需要。

生活用水来自山下一口山泉，都是老人自己用水桶挑上来。山上没有电，晚上照明就依靠一盏小煤油灯和一支手电筒。

5年前，农场砍掉周边山岭的荔枝树种植速丰桉林，庞祖玉承担了周边1000亩的林木巡守职责。每天早上，他如太阳一般准时，踏着自己在山林中开出的小径独自巡行。

大黄狗"家龙"是他在山上唯一的伙伴。巡山时，"家龙"跟在脚前脚后，为他驱赶毒蛇毒虫。

巡山的间隙，他用镰刀割些山中的扫把草，晒干后制成扫把到圩上去卖。他对价格不在意，有时直接把一担扫把送给学校。即便如此，他每年从中的收入仍足以应付日常开支。

其实，庞祖玉只需一转念，便可走下山去，过上另一种舒适安逸的晚年生活。在农场的住宿区，他有一套近百平方米的单位套房，里面住着一直在等他回来的85岁的老伴陈益珍。

他的儿女事业有成，做生意的儿子甚至拥有一栋别墅。在无数次的劝说失败后，家人对说服他下山已基本不抱幻想，只能偶尔去看望他，送点东西。

问起他为何情愿在山上过辛苦日子，老人说："我这辈子没做出什么贡献，感觉很惭愧，白领工资不好意思，要尽可能多做点工，才对得住党和人民。我很老了，但也不能毫无用处地活着。我在山上很习惯，什么都不怕。"

说这话时，老人手握水烟竹筒，苍老的眼睛凝视着远处绵延的山际，安静得像一尊雕塑。

当然，独居山上的庞祖玉也有着自己的快乐。

这里有翠绿的山林、清凉的山风、甘冽的山泉、悦耳的鸟叫虫鸣。更重要的是，他参与开垦的每一个山坡，踏出的每一条小径，于他都有着一种难以割舍的情感。在他看来，每天的巡山就是一段快乐的旅程。

于是，在人烟稀少的云开大山深处，就有了这么一个快乐而神秘的老人：他头戴竹笠，脚蹬水鞋，手提镰刀，肩扛长棍，带着黄狗，哼着小曲，自得其乐地行走在山林之间，丝毫不理会岁月的长短快慢。

（原载《广西日报》2012年3月8日第1版，作者：唐群峰、冯子峰、宾业海、冯铭）

【记者手记】

当今，科技与经济的高度发达在带来丰富的物质财富的同时，也带来这样的问题：消费增长的同时，幸福指数却在降低。

如何逃脱物欲的束缚，活出更真实、更幸福的自己？这成为现代人共有的精神困境。

日前有报道，西安附近的终南山中居住着5000余名隐者。他们住茅屋山洞，食野果蔬菜，饮山涧泉水，过冥想打坐的精神生活，欲借此对那迷失在物质陷阱中的本真进行自我拯救。

而独居山林15年之久的88岁老人庞祖玉，与消极避世的隐居者却不同。他结庐深山，守护国家果树林木，是为了生命价值的呈现，因为他不愿"毫无价值地活着"。终南山隐者追求的是自我拯救，而庞祖玉追求的是自我奉献。庞祖玉老人对山林的依恋、对劳动的热爱、对国家的责任、对自我价值的追求，充实了他的精神生活。

对于生存的理想状态，海德格尔早就有了自己的见解："人，应当诗意地栖居。"

庞祖玉不懂深奥的人生哲理，但他却用自己的方式实现了"诗意地栖居"。显然，他的内心是如此丰富，他的生命之"诗"火热无比。

（作者：唐群峰）

最美教师
石兰松

你是师者，荡起希望的双桨，让小船儿推开大山的阻挡；你是父亲，用身体遮风挡雨，为孩子们张开宽厚的胸膛。你以二十七年的青春热血和汗水，让"太阳底下最光辉的职业"更加绽放光芒。

石兰松在颁奖礼上

石兰松撑着小木船送孩子上学

身份：乡村教师

主要事迹：1985年，20岁的石兰松高中毕业后回到了上林县西燕镇大龙洞村，成为刁望教学点的一名代课老师。教学点后有山势陡峭、无路可通的大山，前有烟波浩渺、水深超过十米的大龙湖。二十六年来，石兰松撑着自家的小木船，载着他的学生往返于求学路上，从来没有发生过安全事故。2011年，他荣登"全国十大最美乡村教师"榜首，被人民网评为"2011年度十大责任公民"。

【报道代表作】

像石像兰又像松
——"最美乡村教师"石兰松素描

把孩子一一招呼上船,安排坐稳,双手扶桨,轻点水面,划过阵阵涟漪,悠悠然向彼岸驶去……

石兰松,就这样在我们面前亮相了。

二十六年寒来暑往,这一场景,在山水间定格,俨然一幅国画——一山一水一扁舟。

四万多次风雨同舟,默默扎根深山,传播知识文化,完全人如其名——像石像兰又像松。

上林县大龙洞村刁望教学点唯一的教师石兰松,长年撑船接送孩子上学,用双桨划出别样的"摆渡人生"。

2011年9月8日,他荣登"全国十大最美乡村教师"榜首。

石·静默

石兰松不健谈,但一句足矣。

他说:"我长年撑船,风吹日晒,像个船夫,远谈不上'美'。真正美的,是孩子的心灵。"

幼小的心灵,是石兰松不舍的牵挂。

1985年夏的一个傍晚,刁望教学点唯一的老师病危,弥留之际,嘱托石兰松:"山里的孩子不能没有老师,你回来当代课老师吧!"

没多犹豫,石兰松答应了。

但困难远比他想象的多。

刁望教学点负责接收村里刁望、内泽庄、北乐、岜那、石盘五个自然屯的孩子就读。内泽庄和刁望之间，直线距离约一公里，但石山深崖和大龙湖将两屯隔断，内泽庄的孩子要去上学，就得翻山越岭、长途跋涉。

路途坎坷，成了山里孩子上学的拦路虎。

修路，不行；搭桥，不行。

石兰松冥思苦想，蹦出个主意：何不造一艘小船，自己接送孩子们上学？

说干就干。他砍下自家的椿树，拿出积攒下来的200元工资，请人造船。

不久，小木船下水起航。

从这一天起，每天清晨，石兰松都会如约守在湖边，接孩子上学；傍晚，又把孩子送回家。

26年痴心守望，定格成一尊山石，不善言，却最可人。

兰·幽香

教书育人，事必躬亲。

在石兰松的动员下，五个自然屯的适龄孩子，无一辍学。

如今，十七个孩子，一间教室，分一、二年级，两个班。复式教学，两班兼顾，石兰松忙得不亦乐乎。

少数民族乡村，多数小孩不会说普通话。石兰松先用普通话朗读，再用壮语翻译，一遍一遍，不厌其烦。

为教给孩子更多知识，2005年他通过代课教师转正考试。随后，又开始学习电脑知识，花了两个多月，终于出师。

讲台下，石兰松成了学生的保姆。做饭炒菜，他样样拿手；学生的脏衣服，他一人包揽；孩子生病，他背到医院，一夜守护，直到天明。

大山的孩子多为留守儿童。石兰松是他们可依靠的亲人。

二十六载苦心栽培，石兰松已"桃李满乡村"。村里的青壮年大多是他的学生，有的还考上了大学……知识改变了山里人的命运，也改变着小山村往日落后的面貌。

这其中，石兰松功不可没。

他的身上散发着知识的芬芳，如兰之幽香，萦绕山谷，余味荡漾。

松·坚韧

石兰松的生活，可谓清贫如洗。

这些年来，外界日新月异。走出大山，成了山里人追捧的潮流。

石兰松有学历有文化，到外边去闯荡，恐也能闯出名堂。但自打撑起船，拾起教鞭，他便与大山紧密相连。

微薄的工资，养家糊口已捉襟见肘，但他更多地贴补到困难孩子身上，家中经济因此雪上加霜。

石兰松最为愧疚的是，儿子初中毕业，想读中专，却因家贫无奈放弃。

诱惑，不是没有。曾有人劝他外出打工，一月能挣千余元。相比当时仅两百元的工资，谁不心动？但他转念一想，犹豫了。

"如果我走了，谁给孩子们撑船、上课？"一问自己，石兰松的心便坚定下来。

如此，便是二十六年，而且还将继续……

石兰松——一位执着的师者，咬住青山，不动不摇，犹如一棵松柏，扎根沃土，唯有耕耘。

（原载《广西日报》2011年9月9日第1版，作者：周仕兴）

【记者手记】

"哎呀，你把我写得那么好，惭愧得很！尤其是你的标题，要得！"

再次见到石兰松时，他大老远从人群中跑来，向我竖起大拇指，逢人就夸我的拙作《像石像兰又像松——"最美乡村教师"石兰松素描》。末了，一连串的笑声，让我至今印象深刻。

乐观、开朗，再一次印证了诸多媒体同行对石兰松的评价。

作为大山之子，石兰松长年偏居深山，面对种种困难，却坚守在教学岗位上，始终能保持乐观向上的心态和胸怀，他传播的不仅是知识文化，更是一种心态。

正如大山里这些孩子，不管求学之路有多艰难，他们的心早已飞向大山外的世界。这一切，与石兰松潜移默化的影响密不可分。

我本身也从大山深处走来，对偏远乡村教学点的感受还历历在目。从石兰松身上，更能体会基层教育工作者付出的汗水和艰辛。

我们常常说人如其名，石兰松无愧于此。他的精神，如一尊岩石，一株幽兰，一棵松柏。

在工作生活中，他是船夫，负责接送学生保证路途安全；他是教师，负责传授学生知识；他是伙夫，负责学生们的中餐；他是保姆，负责好好照顾留守的乡下孩子。他是蜡烛，传递光芒，燃烧自己；他更是雨露，悄然灌溉一批又一批的"秧苗"。

师者石兰松，快乐传播者。

（作者：周仕兴）

组织基石
王 辉

你的一生,太忙,熬夜加班,是你工作的主旋律;你的一生,太累,马不停蹄,疲以应对。对外人,你满心宽容;对家人,你几近严苛。你肩负着选人用人的重任,无愧于"管干部的干部"的称号。你是所有从事组织工作的人的榜样和骄傲!

王辉的妻子在颁奖礼上

王辉在基层调研

身份：组工干部

主要事迹：王辉生前是资源县委组织部干部股股长，他因长期忘我工作，积劳成疾，突发脑出血，于2011年1月26日倒在了工作岗位上。王辉是广西乃至全国组工干部创先争优的先进典型。2011年9月8日，中共中央政治局委员、中央书记处书记、中组部部长李源潮作出批示，号召全国组工干部向王辉学习。

【报道代表作】

甘当基石擎伟业
——追记自治区优秀党员、全区优秀组工干部、资源县委组织部干部王辉

2011年1月26日，一颗为党的组织工作呕心沥血、殚精竭虑的心脏，在繁重的工作岗位上，永远停止了跳动——自治区优秀共产党员、全区优秀组工干部、资源县委组织部干部股股长王辉，因长期忘我工作，积劳成疾，突发脑出血，永远离开了他深深挚爱的组工事业和无限眷恋的父老乡亲。

"太难以置信了！"同事程静莲说。她的对面是王辉的办公桌。桌上一摞材料来不及整理，一只茶杯还装着满满的茶水……

王辉，41岁——

戛然而止的人生。

震撼人心的灵魂。

这位默默无闻的组工干部，扎根基层岗位，就像一块平凡的基石，以弱小身躯融入深厚泥土，用有限生命化作无穷力量，和千千万万人一起，共同擎起党的伟大事业的巍峨大厦。如今使命未竟，抱憾离去。

基石的坚毅

2010年5月，王辉任资源县委组织部干部股股长。

履新不到一个月，王辉就遇到一个棘手问题。在考核某乡领导人选过程中，一条短信发到他的手机上："我能力、学历、资历哪一样不行！为什么不考察我！"

"您先别急，干部选任要符合程序……"王辉心平气和，回了一条短信。

"我找书记去！"对方余怒未消。

果然，很快县委书记也收到了这样的"质问"。

县委书记找到王辉了解事情原委。原来，这位同志没有通过民主推荐关。按规定，不能列为考察对象。

"选人用人，就是要公道正派，严格把关！"县委书记对王辉说，"你做得好！"

"民主推荐很重要，选拔领导干部要有群众基础……只要你努力，一定前途无量！"王辉动之以情，晓之以理。

经过一番沟通，对方情绪稳定下来。

然而，经过此事后，这位同志背上了严重的思想包袱，以为从此被组织"抛弃"了。

王辉显然没有"抛弃"他，而是勉励他扎实工作，争取从头再来。

一次次劝导，一次次激励，该同志终于重整旗鼓，在后来的推荐考核中脱颖而出。

组织部干部股，权力可以说很小，也可以说很大——全县选人用人，考察谁不考察谁，最初方案都从这里出笼。

于是，股长王辉成了一些人的公关对象。

"王股长，请您吃个饭吧！"这样的电话，王辉隔三岔五总会接到。

"不吃请、不收礼、不扰民，这是组工干部的三原则！"王辉婉拒了。

如果仅是如此，倒也罢了，事实远比王辉想的复杂。

"我想做某局副局长，你做方案！"不像请求，倒像命令。

更出人意料的是，竟有数十人提出同一"要求"。

王辉向部领导反映，寻求县委的支持。县委意见一致："让跑官要官者空手而归！"

这无疑给王辉一剂强心针。他顶住压力，将"要官"者一一排除。

类似的事件让王辉感触颇深。"公道正派，是组织工作的'生命线'！"他说，"组工干部通常被看作是管党员的党员、管干部的干部，唯有恪守这道防线，唯才是举，才能取得群众的信任，才能树立'可信、可靠、可敬、可亲'的组工干部新形象，才能使组织部门真正成为'党员之家、干部之家、人才之家'。"

王辉也曾感慨："我难免会得罪一些人，但我对得起'组工干部'这个称号！"

这话，朴实无华，却掷地有声。

基石的胸襟

选人用人，事关党的事业兴衰成败。用什么样的人，不用什么样的人，体现用人导向，关乎党风民意，关系事业发展。

王辉常叮嘱股里的同志："用好一个人，会激励一大片；选错一个人，会挫伤一群人。我们肩头有万千责任！"

他把这种责任融入日常工作中。

在基层调研时，王辉发现，有一位副乡长平时各项考核都名列前茅，但一到民主推荐，总不能入围。

为何会出现这一怪象？他百思不得其解。

访群众，问村干……经过深入调研，王辉发现：这位副乡长因坚持原则，得罪了一些人，致使"被孤立"。

他把这一情况如实汇报，县委决定，将该同志平调另一单位。

果然，在新单位工作不久，大家便对其能力一致认可。再次民主推荐时，他高票胜出，被提拔任用。

潘石庆扎根基层25年，工作一向认真扎实，但因他生性敦厚，不善交际，在考核中常"吃亏"。

王辉看在眼里，急在心上。他向县委汇报，建议被采纳，潘获提为正科级。

"不能让老实人吃亏！"王辉说，"我们选人用人，要把眼光更多地投向那些在艰苦环境和岗位上做出实绩的干部，真正做到'让能干事的靠前，干不好的靠边'。"

"组工干部，不仅要有独到的眼界，更要有宽广的心胸。"这是王辉奉为珍宝的格言。

早年在学校工作时，一位女教师曾因工作和王辉发生过矛盾。王辉调到组织部后，这位老师的丈夫提拔时正好是王辉考察，她很担心对丈夫不利。

然而，王辉丝毫未计前嫌，客观公正地作出评价，使其顺利晋升。

事后，女老师连连感叹："王辉的心胸真宽广！"

宽广的心胸，源自他对事业的执着和对信仰的忠诚。

选任干部要"公心"，考察干部要"细心"，对待群众有"爱心"，处理问题有"耐心"。多年积淀下来的"四心"原则，成了王辉的座右铭。

基石的操守

"组工干部,须闯亲情关、朋友关、地域关、压力关。"这是王辉工作笔记中的一句话。

王辉是资源县人,生活、工作圈子里多为亲朋好友。如何在复杂的人际关系中不迷失方向,是考验,更是挑战。

2010年,县里决定选拔一名教育局副局长。城关小学校长周小宏进入候选视野。

论能力、资历,周都符合条件。有人提议,让其直接进入程序,快捷省事。

"不行!"王辉闻声叫停。

事实上,周是王辉的老领导。但关键时刻,他为何持"反对意见"?

"按照规定,教育局领导须在全县教育系统民主推荐。"王辉道出理由。

"你和他多年的交情,要顾及情面。"有人劝王辉,"多一事不如少一事。"

"选人用人,不能感情用事,更不能嫌麻烦。"王辉说。

做方案、民主推荐、考察、公示……经过一个多月的忙碌,选拔工作结束,周小宏依然顺利上任。

人们开玩笑说,这是做了一轮"无用功"。

王辉却不以为然:"尽管看起来'无用',但对维护选人用人的严肃公正,十分'有用'!"

"人都是有感情的,但要用对地方。"王辉感言,"在情与法的天平上,稍有不慎就容易偏差。"

在林改过程中,王辉的姐姐与邻居发生山林纠纷。姐姐托他跟乡里打个招呼,请给予"关照"。

令姐姐费解的是,招呼是打了,却不见"效果"。

原来,王辉是这样跟乡领导说的:"一定要严格处理,绝不能因为是我姐姐就有所偏袒!"

事后,王辉专门跟姐姐解释:"我是国家干部,要起表率作用,不能以权谋私。"最终,在他的劝解下,姐姐主动把争议山林让给了对方。

也曾有人议论,王辉连亲人都不帮,真是"无情"。

然而,翻阅他的履历,我们发现,"无情"之外处处情。

梅溪乡副乡长吕开盛,在基层工作多年,年迈双亲在县城,自己年近四十还未成家,一边上班一边照顾老人,两头奔波,劳力劳心,却从未向组织诉苦、提要求。

王辉深受感动,及时将吕的情况向县委汇报,最终将其调回县城。

女大学生喻晓芳一毕业就到乡里工作,由于偏居深山,难找合适对象,成了大龄"剩女"。

王辉获知后,即向领导作了专门汇报。

就在他离世不久,喻晓芳也已调回县城。

……

都说"有情有义真豪杰"。但谁知道,在情义之间,王辉也曾经历过艰难抉择。

2010年6月,他和妻子两人的老同学蒋永刚,从外地调任资源县委组织部部长。

"同学当领导,方便多了!"有人说。

"越是老同学,越不能给他添乱。"王辉如此自我诫勉。

妻子王秀珍是小学教师,长年累月的教学工作使她患上了严重的咽喉疾病。2009年,因声带长息肉做了手术,医生建议她换岗,少讲课,以免失声。

于是,王秀珍写了一份请调报告,想让丈夫跟老同学说说情,为她调换一份工作。

但一年多来,在老同学面前,他只字未提。

直到他去世后,人们在整理遗物时才发现,那份报告依旧在抽屉里……

"为什么?"妻子不解。

"不向组织提要求,不给组织添麻烦。"在王辉的工作笔记中,我们找到了答案。

基石的厚重

"制度的公平才是最大的公平。"

如何建立起一套机制,为基层选育更多优秀的人才,是王辉努力的方向。

过去,资源县一些单位,党组书记和局长职责不清,工作较为混乱。

"没有规矩,不成方圆。"为规范管理,王辉起草了《资源县县直单位党组书记管理暂行办法》,将党组书记的权责明细划分,使这一现象得以转变。

针对部分退居二线的领导干部工作积极性不高的情况，他起草了《资源县科级非领导职务干部管理暂行办法》，解决了干部队伍松散问题。

制度为纲，纲举目张。王辉先后起草的一系列规章制度，均得到县委的认可并实施，使任用干部越来越规范化、制度化。

"王辉是个具有战略眼光的开拓者，通过创新探索，实现组织工作科学发展。"时任县委组织部部长蒋永刚如是评价。

对基层党组织建设的一个个创新之举，更验证了王辉的独到用心。

资源县辖1530个村民小组、1187个自然村落。由于山高路陡，交通不便，对自然村的管理和服务十分困难。

"有新理念才有新思路、新方法。"王辉因地制宜，创建了"党支部+党小组+村民理事会"的"三驾马车"基层党组织运行模式，设置了23个"地域型、兴趣型、产业型、服务型"基层党组织，扩大了党的工作覆盖面。

创新，已融入王辉的灵魂。他就像一位拓荒者，在组织工作领域开辟出一片理想的绿洲。

他经过多年调研，总结出"尽责干事、高效办事、公正处事、潜心谋事、和谐共事"的"五个事"工作法，已在全县全面推广。

"五个事"工作法，推动资源县组织工作一年迈上一个新台阶。近年来，组织工作满意度逐年上升，2011年更是进入全区前20名。

基石的深情

白发人送黑发人，是怎样的一种悲伤？

王辉去世后，一位年过八旬、与他非亲非故的老人，特意从山里赶来，送他最后一程。

"娃儿你走了，我们麻林江的半边天塌了！"在长长的送行队伍中，老人泣不成声。

麻林江屯是王辉的家乡。这里地处高寒山区，为喀斯特地貌，乱石成堆，寸步难行。多年来一直未通公路，村里发展遭遇"瓶颈"。

"我走出了那个让我苦累一肩挑的山村，但我依然热爱山里的一草一木和父老乡亲。"

王辉的"根"深，王辉的"情"浓。从他工作笔记中的这段话，可见一个大山孩子对家乡的一片深情。

在社区村落之间,有他忙碌的身影;在平民百姓家中,有他谈天说地的笑声。他的工作笔记里,密密麻麻记录着困难党员的家庭情况、住址,记录着承诺给百姓办的每一件实事。

"权为民用,情为民系,利为民谋。"王辉说,"这是一本民心账,只有还清了账,才不觉得亏欠,才活得踏实!"

2009年,资源县开展"家乡人回家乡,十个一建家乡"活动,王辉第一个念头就是要为家乡修建一条公路,结束村民出行难的历史。

活动伊始,他就回家乡动员村民修路。一个月内,公路建设正式开工。

但由于地势高远,需要劈石开路,施工条件恶劣,难度极大。没几天,施工队老板就打退堂鼓了。

原来,老板算了一下工程量,忧心忡忡:麻林江屯只有几十人,但工程费用要十八九万元,担心这个贫穷的小村子出不起这么多钱,就不想干了。

获知情况后,王辉火速从县城赶回家乡做老板的工作:"我们就是砸锅卖铁,也会付上工钱,请你们放心!"

老板被王辉的真情打动了,答应先施工后付钱。

就这样,每当关键时刻,王辉都会出现在村里,协调统一群众思想,解决实际困难。

经过全体村民三个多月的苦战,麻林江屯群众梦寐以求数十年的公路终于修通了。

村里80岁的王必兴老人说:"没想到在我有生之年,还能看到家里通了公路,我死也瞑目了!"

"路通之前,建我这样一栋房子起码要12万元,现在我只花了8万元。"村民王达兵指着刚建好的两层新楼房,细数公路通后给村民带来的好处。

"我们祖祖辈辈都没卖过什么东西。"乡亲们告诉记者,"路通后,有人开始来收购特产了。现在村民大量种植药材,人均收入每年增加2000多元。村里买冰箱、摩托的人越来越多。"

"路修通了,王辉却一次也没回来过……"嫂子唐梅英话没说完,泪已夺眶而出。

王辉就这样匆匆地走了,走得无声无息。

但他回眸应笑慰,在他帮扶下开辟的这条公路,为村里开辟了一条发展之路;他未完成的"解决村民吃水难"的心愿,也将在同事的薪火相传中得以解决……

　　从大山里走来，最终回归大山。王辉对这片土地的眷恋，正如村民给予他的最高礼赞——一个人，半边天。

基石的沉稳

　　"把简单的事情天天做好就是不简单，把容易的事情件件做好就是不容易。"回忆起王辉生前的一言一行，这句朴实的话在同事中引起强烈共鸣。

　　"我们要集体上访！"

　　2008年，资源县林业局改制，十多名党员下岗。他们不服，找到王辉，把申诉材料狠狠往桌上一拍，气冲冲他而来。

　　"息怒，息怒……"王辉赶紧起身，招呼大家落座。

　　"集体上访是非常严肃的事，别冲动。"王辉耐心地说，"有什么困难，咱坐下来慢慢协商解决。"

　　"怎么个解决法！"

　　"给我点时间，一定给你们满意的答复！"他果敢地说。

　　随后20多天，不论白天黑夜，他上山下乡，走村串户，奔走于这些下岗党员家中，讲政策，说道理，和他们一起商量解决方案。

　　了解到这些人的实际困难后，王辉向部领导建议：参照下岗职工安排公益性岗位的政策，适当为这些下岗党员安排公益性岗位，发挥他们的工作热情。

　　通过部领导与县委、政府领导协调反映，大部分下岗党员已走上了县里安排的公益性岗位。

　　"真诚，是解决矛盾、处理问题的金钥匙。"王辉工作笔记中这句朴实的话闪耀着思想的光芒。

　　八十多岁的老人李叙旺是出了名的老上访户。为了他的工龄问题，从资源到桂林，从南宁到北京，他长年奔波，从未放弃。

　　资源县委组织部，成了他的第二个"家"，每周至少来上访两次。

　　老人每次前来，王辉总是一脸微笑，搬来椅子请老人坐下，递过一杯热茶，听他唠叨，耐心解释县委、人事部门对他上访情况的答复。一遍又一遍，重复着同样的情节。

　　王辉的耐心、细心和诚心，感动了老人，使他满身怒气而来，心平气和离开。

"上面千条线，下面一根针。"王辉说，"基层工作十分具体复杂，基层有无限的责任。组工干部要以'让全党满意、让人民满意'为标准，把组织工作满意度民意调查指标作为引领创先争优的重要指南，立足本职岗位比学习、比工作、比奉献。"

创先争优，是王辉工作的主旋律。

2005年，他调入组织部工作后，加班数百次，写材料数千份。他从不因人手少而出差错，不因任务重而撂担子，一直默默用心去践行着组织工作"零差错"的最高准则。

尽管身兼数职，工作千头万绪，但他把工作处理得有条有理。他跑遍了全县的乡镇村寨，大部分村支书认识他，他也随口就能喊出他们的名字。

2008年冬，五十年一遇的低温雨雪冰冻灾害袭击资源县，全县16万群众受灾，电力、通讯、道路、供水全部中断。王辉和同事手脚长满冻疮，红肿溃烂，在网吧里租用电脑，一个月上报了七十多份各类材料，及时向上级报告了县里的灾情和基层党组织、党员抗灾救灾进展情况。

2010年底，全县换届工作开始。作为干部股长，分工、派任务均是他安排，本可选择县城附近的乡镇，但他主动申请负责该县最偏远的河口瑶族乡和两水苗族乡的考核任务。

"把困难留给自己，把方便让给别人，这就是王辉做人做事的风格。"同事李宁这样说。从1月17日至21日，王辉与考核组其他同志一道，连续五天冒着冰雪严寒到乡里考核干部。出发当天，因冰雪封山，汽车行至半路无法前行，王辉率考核组徒步十多公里山路，直到天黑才到达乡政府所在地。

去世前一刻，王辉已为全县换届工作连续忙了近一个月，从准备材料到统筹安排，从开会布置到下乡考核，太多繁杂的工作，使他忘记自己患有严重的高血压病。

忘我地工作，忘我地奔忙，忘我地投入，忘我地奉献……而他心中铭记的，始终是一名共产党员的责任。

基石的不朽

还有什么，比选择死亡的方式更能表达一个人对生命的态度？

王辉的选择是："就是倒下了，也要倒在工作岗位上。"

260mmHg！

这是王辉生前血压的最高值。

2010年，王辉检查出患有严重的高血压。医生提醒他注意休息，不要过度劳累。妻子给他拿了药，放在衣袋里，经常叮嘱他按时服用。

但在繁忙的工作面前，他总会忘记。

哪怕是生命的最后一天。

让我们看看王辉病发当日，那扣人心弦的"工作日程表"：

6：00—9：00，去桂林市开会。

12：30—15：30，在桂林市吃完午餐，开车返回资源。

15：30—19：00，在办公室整理全县换届干部资料，随后参加县组织部部务会。

19：30—21：30，撰写会议材料。因时间紧张，晚餐就在办公室吃泡面。

21：30后，极度疲劳的王辉感觉头疼得厉害，便将没写完的材料拷到U盘中，带回家继续工作……

争分夺秒的忙碌，毫无停歇的间隙。

"即便是机器，也要休息啊！"妻子多年来的担心和"埋怨"，此刻依然在延续。

22：30，赴桂林接儿子回家的妻子接到王辉的电话，说他正在赶写材料，要晚点才能睡，他嘱咐妻子在外小心，并代他向儿子问好。

妻子万万没有想到，这个通话，竟是丈夫的最后嘱咐。

1月26日凌晨4：00，王辉的弟弟王斌接到他的电话，说他头疼得厉害，让王斌赶紧到家里接他去医院。

王斌赶到时，发现王辉靠墙坐在客厅的地上，已经不能站立。

王斌连忙背起哥哥，将他送到了资源县人民医院。

抢救！紧急抢救！

然而，尽管医院调齐最好的医生，采取最先进的医疗手段，也无法阻挡死神的脚步。

妻儿从桂林火速赶到王辉病床前时，他已经陷入深度昏迷中，再也听不到爱人撕心裂肺的呼喊；儿子用手机播放爸爸喜欢听的音乐，也没能将他唤醒……

一家人的短暂相聚，竟是为了那最后的诀别。

没有人知道他什么时候停止了呼吸。他就这样轻轻地走了，就像一块融入泥土的基石，悄然离去，毫无声息……

他的身后，母亲年事已高，身体不好，老人不停地擦拭着泪水，但怎么也拭不去悲伤。

他的身后，数百位生前好友、同事、父老乡亲远道赶来为他洒泪送行，却怎么也走不出眷恋。

他怎么忍心，还有那么多的牵挂！

他怎么舍得，还有那么多的憧憬！

他太累了，他得好好歇一歇。

翻开他的工作笔记，扉页记录的歌曲——《温情永远》，令现场的每一个人不禁潸然泪下：

你太累了

也该歇歇了

不要总忘记了黑夜和白天

你太累了

也该歇歇了

还有爱在你身边……

一句话没有留下的王辉，留下了一道需要回答的问题：一个共产党人应该留下什么样的名声，应该留下什么样的背影；什么样的作为会让人在他的肉体消亡后还肃然起敬，又有什么样的精神能穿越变迁的时代，非但不朽，反而常青？

如今，王辉的遗像安放在家里。妻子每天下班回家，都会坐在遗像前，跟照片上的丈夫拉拉家常；儿子则不停地追问："爸爸，您到哪去了？什么时候回来？"

……

如今，曾天天为工作奔忙，忘记白天黑夜，一家人平常难得一见的组工干部王辉，终于可以"歇"在家里，与妻儿做伴……

（原载《广西日报》2011年6月27日、28日第1版，有删改。作者：周仕兴、骆展胜、马宏富、李传宝）

【记者手记】

王辉是一名基层组工干部，因常年高负荷工作，积劳成疾，最后累倒在工作岗位上。

我们是在他殉职后，第一时间到他生活工作过的地方追寻他的足迹，从侧面去感受他的事迹。

在采访中，王辉的诸多事迹令人感动。作为"管干部的干部"，他既不给跑官要官者开绿灯、行方便，也不囿于同学、同事、同乡的小圈子而排斥其他优秀人才。他的身上，充分体现了一名组工干部的公道正派精神。

选人用人，事关党的事业兴衰成败。做到选好人、用好人，首要的一点，就是在选人用人时公道正派。作为一名组工干部，王辉始终坚守着"公道正派"这条组织工作的"生命线"。对于跑官要官者，王辉顶住压力，让他们空手而归；对于老实人，他积极发现他们，主动引荐他们，绝不让老实人吃亏；妻子手术后想调换工作，他也从不去找人打招呼。坚守公道正派，难免会遇到一些误解，甚至受到一些人的责骂，但他总是把委屈埋在心里，任劳任怨。王辉以自己的"公心"，勇闯亲情关、朋友关、地域关、压力关，赢得了群众的信任，树立了"可信、可靠、可敬、可亲"的组工干部新形象。

公道来自公心，正派源于党性。公道正派问题，本质上是世界观、人生观、价值观问题，说到底是党性问题。王辉的公道正派，正是源于他坚强的党性。他说："去考核别人是我的工作，给别人换岗位也是我的工作，组织上给我这个权力是让我为人民服务的，不是让我来谋取私利的。"坚强的党性，让王辉始终坚持原则，不为利所缚，不为欲所惑，挡得住诱惑，顶得住压力，大公无私，一身正气。

（作者：周仕兴）

公益老板
陶建明

在"抠门"的人中,你也许不算是最"抠门"的;在企业家中,你肯定也不是最富有的;但在"抠"自己和"助"别人这件事上,你是最有善心的。在你的身上,闪烁着最朴实的助人情感,亦有作为一名企业家克己为人的"富人良心"。

陶建明在颁奖礼上

陶建明到钦州麻风康复村看望老人

身份：全州民营企业家

主要事迹：他是"广西十大孝心人物"，也是全州偏远山村走出来的苦孩子。村民们互相关照的习惯，在他幼小的心中播下了爱心的种子。有了自己的企业之后，他投身公益，每年给养老院、村里的老人发红包，无偿给百色贫困山区的村屯建房，还在大学里设置奖学金，累计投入公益的经费约千万元。

【报道代表作】

一位民营企业家的"抠门"与大方

铮亮的豪车、斑驳的手机,这两件极不协调的东西,都属于42岁的陶建明——一名从桂林全州县山村走出来的民营企业家。他乐做慈善,且"涉猎"广泛,助学、助贫、助残、孝老,样样都做。有人说他好心,有人说他抠门,而更多的人,则希望多些如他一般的"为富愿仁"者,理由如他所说:"有钱、有心,能帮助更多的人。"

对己抠门,一部手机用了九年

3月27日,记者第一次见到陶建明,他刚从自己的百万豪车上下来,拿着手机接听电话。那是一款老款的酷派手机,屏幕磨花了,背面也是一片斑驳。

"手机用很久了吧?""不久,4年多。"他随口说道,"之前那台手机用了九年,一直到师傅不愿修才作罢。"陶建明从穷苦的全州县永岁乡陶家村走出来,28岁之前没穿过皮鞋。之后到企业工作,下班找副业挣钱,然后一步步自己创业做老板,在建筑行业越做越大。他觉得自己始终是个"把钱看得很重"的人,有钱从不乱花,只想用在更有价值的地方——比如豪车,有了它,别人会觉得公司有实力,愿意和他做生意。这样才能赚更多钱,才更有能力帮助别人。

对自己,他能抠就抠。陶建明的爱人阳女士告诉记者,十多年前他们相识时,他已经"发家",可两人恋爱期间,只下过一次馆子吃牛排,其他时候,在外吃饭的主要"据点"是粉店,桂林米粉、老友粉、柳州螺蛳粉,几乎都吃遍了。陶建明还笑言,要让她"吃香喝辣"——汤很香,粉很辣。

结了婚,她发现他更抠,一双一两百元的皮鞋,穿上两三年,坏了就拿去补,补不了才扔。"他从来不会同时有两双皮鞋",衣服也是。他们一家人一般一年买两次衣服,或是等到商场打折的时候,不然就去裕丰、和平等服装批发点,"50元买两件T恤,一人一件"。区内一义工组织的工作人员告诉记者,陶建明有一件西装，至少穿了七八年，而且逢"重大场合"才穿。

"米粉我很喜欢吃啊，衣服穿得舒服就可以了。"陶建明的爱人是位博士，按照他俩的收入，想买什么都可以。不过，待物质够丰富了，人们更追求精神的满足感。

陶建明的母亲蔡氏是名村妇，节俭于她，并未"升华"到精神满足的层面，而更像是一种本能。这种本能，可能是陶建明"抠"的源泉。多年以前，陶母已从农村搬到镇上住。乡亲陶启田告诉记者，这个家（指陶母）省得很，别家稻田收割完，田里总撒着些不要的谷子，但她总是一粒一粒地捡起，边捡边说："可惜了，可惜了！"很多村民对此不理解：儿子这么有钱，何苦呢？

对人大方，敬老红包发了二十多年

陶建明一年的收入是七位数。自己不花，这么多钱是怎么花的？2000 年春节前，阳女士第一次随陶建明回家乡，总算见识了陶建明如何花钱。

才回家第二天，早上七时许，陶建明就叫醒了她，说要回村里看老人。阳女士以为是探望陶家的亲戚，便跟着去了。可进到村里，她才发现，全村 60 岁以上的老人都来了，在村里的活动室，足足有六七十位。陶建明杀鸡宰猪，搞了几大桌，让老人们吃着喝着。末了，给每人恭恭敬敬地递上一个红包。这一顿就花掉了几万元，比陶建明自己一年的花销还多。她一打听才知道，之前，陶建明每年都这么做，即便是挣工资的时候也不例外。挣得少，红包就小一点，几十元；挣得多，红包就厚一点，几百元。

到 2012 年，给村里老人发红包的习惯，他已经坚持了二十多年。3 月 28 日，经一位爱心人士介绍，记者电话采访了陶建明家乡邻村的一名陶姓老人。他告诉记者，最近几年，不仅是陶家村的老人有这待遇，附近方圆几公里年岁大的老人都会被请去，他已经领了三年了。"这几年物价涨得快，红包也在'涨'。"以前两三百，2012 年春节有五百元，这名老人拿到红包，笑得合不拢嘴。老人说，看到红包里的钞票，他几乎落泪：里边不是 5 张百元钞票，而是几张 100 元，几张 50 元，剩下的是 5 元和 10 元的零票，张张都是新的。事前，陶建明特地到银行，换了多种面额，方便老人花。"这娃仔有心。"老人最后说。为了让老人们有个活动的地方，2006 年陶建明捐资 100 多万元给村里建起老年人活动中心，还给村里铺上了水泥路。

除了老人，陶建明另一个大方的对象是教育界人士。一名常和陶建明一起做公益的朋友告诉记者，陶建明最尊重那些为了学术奉献一生的老教授。

中国大熊猫之父、北京大学的潘文石教授醉心大熊猫和白海豚、白叶猴研究，还在崇左建立了研究基地。他们整日生活在深山老林，在研究团队缺少经费的日子里，不洗澡，以泡面果腹。最艰难时，一天只吃一顿饭。2012年1月初，陶建明和朋友专程来到崇左拜访潘教授，那是他们第一次会面，陶建明拿出10万元现金，交给潘的研究团队。这名朋友告诉记者，陶建明这一"感性"的举动，让他们都感到意外。他的朋友猜测，陶建明之所以这么做，应该是被潘教授对学术的奉献和敬业所感动了，希望缓解课题研究中的一些困难。记者了解到，2011年底，广西医科大学建立了"陶建明奖学金"，他一次性投入50万元，专门奖励那些品学兼优的贫困生，每人一次性奖励2000元。

一掷千金，只为饮水思源回报社会

给麻风村里的病人送电视，在中秋佳节组织义工"送情入村"；给平果大石山区的农民免费建房子，将一整个自然村搬离无房、无水、无路的山沟沟；给贫困山村医生、病人送医药费，身上只留下回家的路费……慈善之路，陶建明走得很"宽泛"。他告诉记者，每一年，他把年收入的六成以上"给别人花"，三成左右留于公司发展，真正到自己和家人手中，是少之又少。粗略算下来，这么多年，他的付出已不下千万。

为何对"外人"如此大方，对家人却很"抠门"？他给出的理由很简单——饮水思源。

陶建明有一个苦难的童年。小时候，他当兵的父亲和老实的母亲，辛苦拉扯着5个孩子。村子里经常遭遇洪灾，隔上几年，全村老小就要出门"讨米"。当时他只有5岁，白天和大人到村外"讨米"，晚上就睡在路边和桥下。有时候是一个南瓜，有时候是半块红薯，周边村的人并不富裕，但尽可能地在自己的口粮中匀一些给他们。陶建明清楚地记得，有一次，他们已经饿了两天，期间只有少许野菜充饥。"以前和现在的饿不一样，现在饿了，晚点可以有饭吃。而那时，真是吃了上顿，不知下顿在哪，没有安心的感觉。"结果，待到夜深人静时，同村的一户人家挑了一担谷子敲响了他家的门，进门就说，看着几个孩子挨饿，太可怜。陶建明永远无法忘记那担谷子给他的安全感，这意味着，他们全家至少有几天可以吃上饱饭了。

"我现在吃得饱，穿得暖，多一百万，少一百万，只是一个数字。""就算你是千万富翁，千亿富翁，和别人又有什么关系呢？可是你哪怕只拿出一点，对那些受助的人来说，就会有关系。"陶建明很在乎这种"关系"给他的感觉，就像当年挑进家的那担谷子，他也希望把安全感传给一个个似他一般曾经无望的人。

（原载《南国早报》2012年3月30日第6版，作者：孙妮）

【记者手记】

"其实富人做慈善，比普通人更有用。有时候一个富人做慈善，能顶得几百、几千，甚至上万个穷人。"采访陶建明时，他向我表达了这样的观点。这话听着有些刺耳，但不得不承认，他其实说出了一个事实，至少拿金钱来衡量时，的确是这样的。

但是本土富人做慈善并未成为风气。那些半大不小的土豪，或是刚富未豪者，除了挣钱之外，似乎很少想过，该如何去重新分配自己的财产，如何在重新分配中感受与挣钱不同的心理体验。对富豪们的报道，媒体更多地把大众的眼球引到豪车豪宅、一掷千金上，公益、慈善的引导非常有限。

媒体有自己的理由，例如眼球效应、大众心理。其实我们这个社会是仇富的。普通人做一件善事，很容易让大家深受感动，但是将故事的主人翁置换成富人，大众的心理感受马上就会变得耐人寻味。比如，同样是捐钱，富人捐的数字无论多大，大家内心都不会买账：反正他有钱，这点不算什么，应该的。其实，对于一部分刚富起来不久的"老板"而言，那些钱同样也是辛苦挣来的。媒体有时候会屈从于大众心理，碰上"土豪"做善事，多是先用质疑的眼光看，少了对常人的温情和善良。

还有一些富人做了慈善也不愿媒体曝光，或怕露富，或是需要私人的信息空间。这也难怪媒体在这方面难有所为。

社会需要引导，慈善更是需要。需要有那么一些标杆，去让富人们有个尝试的方向，让慈善事业有更多的来源，也让民众的仇富心理得到抚慰，让大家觉得：哎，有这么一个人，其实和普通人一样实实在在地活着，一样算计着自己的花费，搞点钱去做些额外的事。

陶建明就是在这个背景下出现的。他苦过穷过，与大众有一衣带水的心理联系；他懂得饮水思源，有朴素的民族传统美德；他精打细算过日子，和百姓一样懂得"算计"自己；他愿意与社会分享自己的财富，不怕在世人面前"露财"。报道还是感动了一些人，至少那些得到过帮助的人，已经在以某种方式在感恩。最后，他高票当选"广西十大公民楷模"，继续高调做善事。

（作者：孙妮）

微笑凤凰
农凤娟

微笑，有时如春风拂面，令人心情舒畅；微笑，有时如一把利剑，让人胆战心惊。你守住三尺岗亭，笑对旅途疲惫的人，让他们心中一路充满阳光。而面对粗暴鲁莽，你的笑，让人赞叹，更让人敬仰。

农凤娟在颁奖礼上

农凤娟在岗位上微笑服务

身份：高速公路收费站收费员

主要事迹：作为南宁市高速公路石埠收费站的普通工作人员，"八颗齿"笑容是农凤娟的标志。她在工作岗位上拒绝过数千元的贿赂，曾被冲卡车辆拖出数十米。一名司机对收费数额有异议，手持矿泉水连续向她泼了五次，还不断辱骂，农凤娟没有躲闪，依然保持微笑。

【报道代表作】

南宁一收费员遭泼水五次仍微笑服务

9月13日,网友"梦之奇"在微博上传了题为《因为收费问题发生的小纠纷,司机大佬居然多次向收费妹妹泼水》的视频,引起不少网友关注。视频中,一客车随车人员因不愿交足额通行费,连续五次向收费员农凤娟脸上泼水后,农凤娟仍微笑服务。这是发生在南宁市环城高速公路高岭收费站的一幕。

13日下午,记者在网友"梦之奇"的微博上看到,这段视频引来不少网友留言,其中多数都在谴责视频中的泼水司机。网友"梦之奇"在视频上方写着:"面对笑露八颗牙的高速收费妹妹,你会有什么想法?但是面对一名柔弱的女子,因为收费问题发生的小纠纷,司机大佬居然多次向收费妹妹泼水。司机的行为令人唾弃,不过收费妹妹的淡定,令人感动!"

记者联系博主"梦之奇"并找到视频的完整版,看到了农凤娟令人敬佩的一幕。5月22日凌晨4时许,一辆客车进入高岭收费站后,农凤娟马上识别出该车司机所称信息与实际车型不符。农凤娟要求司机出示有效证件遭拒绝后,便请求司机耐心等候交警前来验证真伪。

"等交警来,那要等多久!"客车司机马上暴躁起来,要求立即打票放行,言辞十分粗暴,农凤娟多番解释后,司机仍不愿等候。说着说着,副驾驶上的一名男子拿出一瓶矿泉水,对着农凤娟迎面直泼过来。此时的农凤娟依然冷静耐心地向两人解释收费政策,并要求泼水男子对他的行为道歉,但收到的却是另一瓶水迎面泼来。视频中,农凤娟没有躲闪,没有流泪,也没有任何一句不礼貌的言语。尽管如此,该男子恶劣的态度依然没有丝毫的改变,甚至谩骂中还夹杂着对农凤娟的威胁。

"先生,请您向我道歉!如果我做错了,我可以向您道歉,但是,我再怎么错您也不应该这样对我,您的行为是对我严重的侮辱,我是人,不是什么畜生。您没有儿女,没有家人吗?如果您的家人受到这种待遇,您有什么感受?"视频中农凤娟这样对泼水男子说。但该男子却变本加厉,继续辱骂农凤娟,又连续三次向农凤娟泼水。

随后，该司机粗声要求退钱倒车。农凤娟将行驶证和钱如数退还司机，并善意提醒其拿好。然后她迅速调整好状态，继续投入到工作中。

"当时客车上的乘客见久久不能通行收费站，纷纷质问我为什么不放行。"9月13日，农凤娟告诉记者，那名男子连续五次向自己泼水，当时自己说话已经哽咽了，如果能有一名乘客站出来为她说一句公道话，或许她就不会感到如此委屈了。

"可能那天夜里，司机开长途车久了，很累，所以脾气有些大。"对司机泼水的原因，农凤娟却轻描淡写地解释。她说，此前她也遇到过类似事情。据了解，最近农凤娟所在的南宁高速公路运营有限公司以及广西交通投资集团分别给予了农凤娟1000元慰问金，并号召全体员工向农凤娟学习，泼水男子和司机也已受到所在单位的处罚。

（原载《南国早报》2011年9月14日第7版，标题有修改。作者：贾经纬）

【记者手记】

同事们说："我们都爱叫她娟子，她总是笑得很甜！"

领导们说："小姑娘说话幽默，总会让人舒畅开怀！"

司机们说："她一脸微笑，每次路过她这条车道，总能留下深刻印象！"

她，就是南宁高速公路运营有限公司的一名收费班长、堵漏增收工作能手——农凤娟。

真诚微笑，用心服务——她是高速公路上的微笑天使。

三尺收费亭里，农凤娟脸上总是洋溢着开心的笑容，心里总是寻找工作中的乐趣。农凤娟所在的收费站车流量较大。工作中，农凤娟从动作、语言到表情，灿烂微笑贯穿始终，使司机温馨共享；从问路、讲解到指引，细心服务注重细节，使司机忧虑全无；从车辆抛锚、货车漏油到车轮爆胎，耐心服务诚实解难，使司机烦恼全消。

坚持原则，不畏强势——她是高速公路的堵漏增收骄傲。

2011年5月22日4时22分，高岭收费站。为了逃避过路费，一辆客车的司乘人员先后五次将矿泉水迎面直泼向农凤娟，同时用恶毒语言辱骂、威胁她。这种情况下，很多人可能会选择退缩。但是农凤娟不仅没有退缩，也没有因为司机对自己的侮辱而回敬不礼貌的言语，而是耐心地向司机解释。最终该司机也认识到自己的错误，不仅足额认缴通行费，而且真诚地向农凤娟道歉。

这样的事情发生在农凤娟身上不只一次。曾经有粗暴司机为了逃避过路费，向农凤娟扔垃圾、吐口水，甚至用车辆将她拖出数十米，但她依然坚守岗位，坚持微笑服务。

廉洁奉公，以身作则——她是高速公路的廉洁自律榜样。

计重收费以来，在利益驱使下，垫板、假轴、假证、冒充鲜活车等各种偷逃通行费的手段层出不穷，收费工作人员更是时刻面临着巨大的金钱诱惑。曾经有司机将两千元钱塞给农凤娟，但面对相当于一个月工资的金钱，农凤娟严词拒绝司机的请求，严厉批评司机的违法行为。

爱岗敬业这股力量支撑着农凤娟在自己平凡的岗位上默默地辛勤付出，她用柔弱的肩膀勇敢地承担起一份责任。农凤娟面对屈辱，顾全大局，坚持文明服务，用实际行动维护高速公路的文明形象。这种尽职尽责、爱岗敬业、无私奉献的精神，在当今物质水平快速提高，精神文明发展滞后，人们精神情感缺失严重，冷漠充斥在人与人之间的年代，更显得弥足珍贵，值得每一个人感动和学习。

(作者：贾经纬)

敬老妹子
李日芬

你并不年轻，为了两个无亲无故的孤寡老人过得好，甘愿日夜操劳；你并不富有，为让老人们吃得好而不惜"大手大脚"。你是一名朴实善良的农村妇女，就像十万大山里的金茶花，高贵、美丽。

李日芬在颁奖礼上

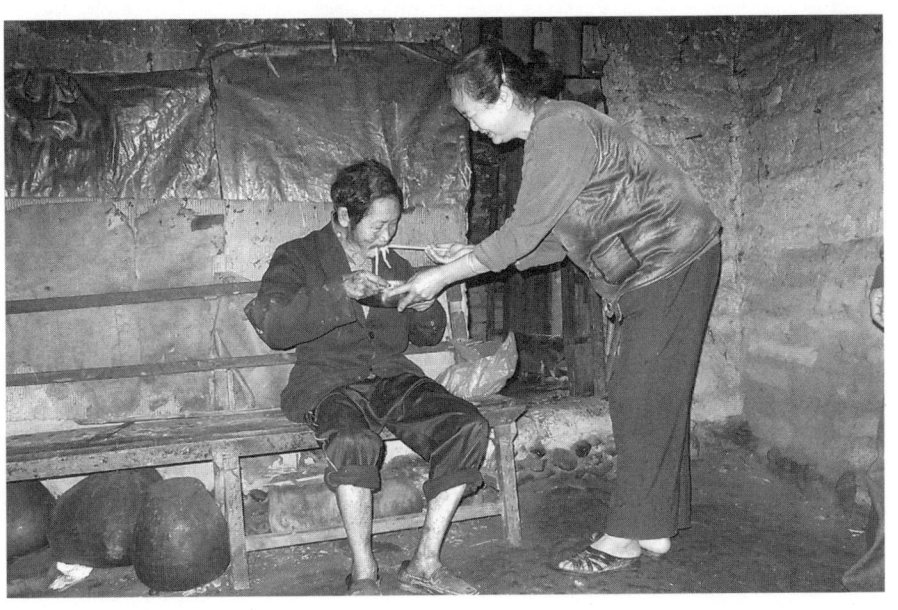

李日芬在照顾老人

身份：防城港市普通村民

主要事迹：她是防城港市的普通村民，八年如一日照顾两名非亲非故的老人。她为先天性足残的覃计益挑了八年的水，陪他看病，用自己的钱帮他买菜、买烟、买药；她帮有点痴呆并大小便失禁的李华先洗澡、洗衣裤，每次他瘫倒在外，都是她把他背回家。

【报道代表作】

两个孤寡老人的"亲妹妹"

从外表看，李日芬是一位再普通不过的农妇，可在防城港市防城区那梭镇那梭村的村民心中，她并不普通：她八年如一日为先天性足残的覃计益挑水，陪他看病，为他送饭送菜；帮有点痴呆并大小便失禁的老人李华先洗澡、洗衣裤；她的生活并不富裕，却经常为两位老人改善生活。3月24日，记者来到那梭村，采访到这位当地人心中的楷模。

"我只是想给他洗干净，为他送终"

李华先今年79岁，有点痴呆。2010年底的一天，他不小心被摩托车撞了，从此失去了自理能力，并且大小便失禁。村民从他家门前经过，总能闻到一股异味。因此，没人敢进他家的门。

不久后的一天，李华先在街头跌倒了，正好被同村村妇李日芬看见，她赶紧将老人送回家。看着老人躺在床上不省人事，李日芬猜想他可能已走到了人生的尽头，于是赶紧回家烧了两大桶热水，想帮他清洗干净之后，让他干干净净的上路。

准备妥当之后，李日芬把老人抱了出来，帮他洗头洗澡。李日芬说，淡黄色的毛巾一把擦下去，马上就成了黑毛巾。一遍洗下来，一盆清水变成了黑水。再换上第二盆水，洗完后水还是混浊的。当洗澡后穿戴妥当，奇迹出现了，老人竟然清醒了，说了句："你好心。"

接着，李日芬为老人洗脏衣服。"我将脏裤子放在水龙头下面，穿上水胶鞋先将脏物踩掉，然后再洒上洗衣粉戴上胶手套用力搓。"终于洗干净了老人的裤子，可李日芬在随后的几天里，吃不下饭，也不敢喝粥了，因为一看到粥，她就想起了裤子上的那些脏物。

为一个无亲无故的脏兮兮的异性老人洗澡，是什么力量驱使李日芬冲破世俗的眼光？李日芬说："其实我也是左右为难，可看到他当时的样子，我只是想，给他洗干净，为他送终。"

当年，村民们看到李华先被摩托车撞倒后的样子，以为他活不过那年的春节，没想到现在他的身体还好得很。大家都说"全靠李日芬照顾得好"，因为李日芬从那时候起开始照顾老人，经常买一些肉和酒去为他改善生活。

"是老天爷派你下来照顾我的"

李日芬同时照顾的另一位孤寡老人叫覃计益，他是李华先的同母异父弟弟。覃计益今年66岁，左脚先天性残疾，没有脚掌，走路困难。李日芬从2003年开始帮他挑水。夏天一天挑3次，冬天一天挑2次，一挑就是8年，直到2010年底接上自来水。从她家走到覃计益家有差不多半公里路程，一担水大约有30公斤，一趟下来并不容易，好在长年劳作的李日芬练就了一副好体力。遇到生病时挑不动了，就用手提。久而久之，覃计益就将李日芬当成自家人，有时他开玩笑地说："是老天爷派你下来照顾我的。"

由于没有脚掌，左脚长年累月地磨，覃计益脚上的肉经常会烂。有一次，他的伤口发炎了，由于没有得到及时护理，伤口化脓、发臭。李日芬扶着他到卫生院检查，开了些中草药回来给他煮水洗，洗了之后再将一些消炎的中草药捣烂敷上去。炎症得到缓解后，覃计益可以拄着拐杖走路了。可摩擦之后又会发炎，所以一直无法断根。李日芬说："扶他去卫生院都几十次了。"

有一年夏天，覃计益伤口的异味招来苍蝇和蚊子，感染了，血脓流得一脚都是。李日芬凑近一看，发现有东西在伤口上蠕动，原来是生虫了。怎么办？听说八角油可以杀菌，她回家拿了点给覃计益擦上去，但没有用；听老伴说双氧水可以试试，又去弄了些来涂上，还是不行。最后急了，想想杀蚊子的一点红应该可以，于是买了一些回来喷上去，最后竟弄出来100多条虫子。

"老人吃好了，身体才会好起来"

长期照顾两位孤寡老人的生活，自家的生活条件应该不错吧？带着这样的疑问，记者来到了李日芬的家。恰逢一位老乡到她家商谈白事帮厨的细节。原来，李日芬一向乐于助人，村里谁家红白喜事都会请她帮忙。这时，李日芬80多岁的老伴手里抓着几个矿泉水瓶进来，院子里还放着一堆空矿泉水瓶和其他废品。李日芬说："捡回来这些卖了，补贴一下家用。"

李日芬的家庭收入主要靠她种菜来卖。家里只有一亩多地，目前还有一个女儿在读大学。她的家庭经济条件很一般,平常吃的大多数是萝卜、白菜。

但就是这样的情况下,她却为了给覃计益加菜,花钱去买160元1公斤的海鲜。记者到达的当天,她买了40元钱的泥虫和螺仔,一大早就帮覃计益煲了汤。"这里还有两顿。"她从冰箱里拿出剩下的新鲜泥虫和螺仔给记者看。覃计益家的旁边就是李日芬的菜地,这为她照顾老人提供了方便。每天早上帮他买了菜送去,才到地里干活。

覃计益每个月可享受政府72元的养老补贴。"我一个月的补贴不够买1斤泥虫。"虽然心里清楚,但每次李日芬问他想吃什么时,他总是不客气地点一些"贵族菜":泥虫、辣鱼、沙尖鱼、螺仔等。完全把李日芬当成了自家妹妹。

李日芬的小孙子今年8岁,但很少吃上这样的好菜。记者问:"这些菜你不给孙子吃,不怕他以后怪你呀?"李日芬说:"他现在小,不懂事。等他以后大了,不会怪我的。再说了,覃计益身体不好,让他吃好点,身体才会好起来。"

"李日芬是个好心人,我们都看在眼里"

李日芬的老伴虽然80多岁了,但以实际行动在支持着老伴:政府每个月发给李华先和覃计益各15公斤大米,都是他帮扛回去的;有时候李日芬忙不过来,他偶尔也帮他们买菜送去;平常看到有能卖钱的垃圾就捡回来,攒够了去卖。在村里做生意的广东老板卢先生被李日芬的事迹感动,现在每个月拿出300元补贴李日芬给两位孤寡老人买菜用。

村委曾想将两位孤寡老人送到敬老院,但他们不去,说死也要死在自己的家里。村委干部坦言说:"他俩这种情况,我们都想帮,但确实做不到。"记者在往李华先家去时遇到一位村民,她说:"李日芬是个好心人,我们都看在眼里。"

如今,李日芬对两位老人"服务"的范围越来越宽。两兄弟好酒,除了送菜,不时还得给他们带上一瓶酒。"如果让他们尽兴喝,一天可以喝下3斤。"有一次,李华先到覃计益家去喝酒,喝多了,躺在门口动不了,还尿了裤子,弄得一身的泥。覃计益挡话给李日芬,怕李日芬弄不动,就说请个人过来一起扛。"扛一次要200元呢,这不是要我的命呀。"李日芬先到李华先家拿了条裤子帮他换上,然后吃力地将他背回家去。

有个晚上,李华先上街喝酒,错把别人家当成自己家,猛敲门,结果被人报了警。民警将他带到派出所,电话打到村委,村委一听立即给李日芬打电话："你把他弄回去吧。"俨然当他是李日芬家的老人了。李日芬回忆说："他身上太脏了，又找不到三轮车，我就带了件雨衣披上，才把他背回家。"

（原载《南国早报》2012年3月28日第4版，作者：唐正芳）

【记者手记】

李日芬爱笑，不管是为孤寡老人送菜送饭时，还是在广西电视台颁奖仪式上。

"老哥，我帮你送早餐来了！"每次一听到这爽朗的笑声，66岁孤寡老人覃计益的心里，就像有阳光照了进来。

在首届"公民楷模人物"的颁奖仪式上，站在灯光聚集的舞台上，她用习惯性的笑容代替了紧张。她的笑容引起了主持人的关注，也让台下观众笑逐颜开。

在这个笑容的后面，蕴藏着一颗朴实无华的大爱之心。

这个再普通不过的农妇，她的行为让很多人望尘莫及：连续8年为先天性足残的孤寡老人覃计益挑水，陪他看病，为他送饭送菜；帮痴呆、大小便失禁的孤寡老人李华先洗澡、洗衣裤；甚至为患脚疾的覃计益将伤口上的蛆虫一条条用牙签挑出来……

她家里并不富裕，为给两位老人改善生活，买自己舍不得吃的瘦肉、泥丁、海螺等为他们增加营养。她的爱心得到了80多岁老伴的支持，每次回家他都会顺手捡一些废纸片、矿泉水瓶等，换些零钱补贴家里的生活。

当时，我到李日芬所在的那梭村采访时遇到村委主任。这位村委主任很实在地说："她所做的事我没法做到，村里其他人也做不到，她是我们心中的楷模。"

很多人都做不到的事，大字不识一个的村妇李日芬做到了，因为她的心里拥有一份人间大爱。

如今经济发展迅猛，但社会上仍有不少人需要帮助、渴望关爱。我们不祈求所有人都像李日芬一样用大爱去做超越平常的事，但在别人困难或无助时伸出双手，给予一些帮助，付出一点爱心，甚至哪怕是一个温暖的微笑，那么世界将充满无限光彩。

（作者：唐正芳）

感恩老农
李福全

一担谷子,很轻;一份诚信,很重。你心中有了放不下的牵挂,四十年奔波,寻遍十里八乡。你还的不是一担谷子,你还的是世间最真的一份情,你实实在在地向世人诠释了什么叫作知恩图报。

李福全在颁奖礼上

李福全在和李荣光的孙子聊天

身份：北流理发师

主要事迹：70年前，北流村民李秀章家里穷得揭不开锅，邻村村民李荣光借给他一担50公斤的谷子救急。为了替死去的父亲还清债务，李秀章之子李福全苦寻债主数十载，等找到债主，对方已经过世。李福全将谷子折算成现金，还给债主的后人。

【报道代表作】

苦寻债主数十载　只为替父还担谷

70年前,北流一村民李秀章家里穷得揭不开锅,邻村村民李荣光借给他一担50公斤的谷子救急。为了替死去的父亲还清这笔债务,李秀章之子李福全苦苦寻找债主数十载,终于找到了这个别名叫"田三爹"的人的下落。遗憾的是,"田三爹"早已过世,李福全按照目前的市价,将谷子折算成现金还给李荣光的后人,了却自己多年来的一桩心愿。

苦寻"田三爹"　只为一担谷

李福全今年80岁,家住北流市清湾镇双龙村茂岭组。2009年,他被查出患有白血病。自知时日不多,李福全要替父还债的愿望更强烈了——70年前,他父亲跟好心人借了一担谷子。

李福全依稀记得,自己10岁时,父亲跟"田三爹"借来一担50公斤的谷子维持生活,之后一直无力偿还。1961年,父亲李秀章临终前叮嘱他,务必要还清这笔债。

李福全说,他父亲认为"田三爹"家境较为富裕,大家都知道这个人,所以就没告诉他真名。他当时以为,所谓"田三爹",就是姓田、在家排行老三的,要找到此人不难,所以没追问。没想到,问来问去,都没人知道这个"田三爹"。

李福全曾在清湾镇摆了数十年理发摊,只要有人前来理发,他就跟人打听"田三爹"。闲暇之时,他还经常到清湾镇各村寻找,但一直没有线索。

当年一担谷　帮人近半年

2011年2月初,一位退休老教师称曾认识一个叫"田三爹"的人,家在禾界村卫龙组,但在20世纪70年代就已去世。

李福全来到禾界村卫龙组挨家挨户询问，花了三天时间，终于找到"田三爹"的后人。

原来，"田三爹"不姓田，真名叫李荣光。李福全按照谷子现在的市价，将50公斤谷子折算成现金后并补了一定的利息，掏出250元钱一定要还给李荣光的后人。面对这位"不速之客"，李荣光的后人惊愕不已，起初坚决不肯收钱，最终在李福全的再三恳求下只好收下，"算是了却李福全的一桩心愿"。

禾界村有老人道出当年借谷子的来龙去脉。据老人们介绍，70年前，李秀章家穷得经常揭不开锅，家里几个小孩经常饿肚子，李荣光当年家境较为富裕，每年都有吃不完的粮食。李荣光主动借给李秀章50公斤尚未晒干的谷子，当时未写借条，也没说要还。李秀章挑着满满一担谷子回家后，全家人省着吃，维持了将近半年的生活。

诚信最重要　被笑也要还

记者在采访中了解到，李福全还钱当天，禾界村上百名村民闻讯前去围观。人们议论纷纷，有人说他是个有良心讲诚信的好人，也有人说他傻。

李福全的大儿子李广福告诉记者，父亲被检查出患有白血病至今，已花了20多万元治疗费。父亲还债的事一直瞒着家人。2011年6月20日，李广福在清湾镇碰到李荣光的孙子李伟明，才得知此事。

面对村民的议论，李福全说："我就是这个性子，借了别人的东西就得还，天经地义，没有什么值得说的。我父亲去世了，我就得帮还。哪怕别人笑我是傻子，我也要还，只有还清了这担谷子，我才觉得自己是一个清白人，否则我死不瞑目。"

（原载《南国早报》2011年6月26日第10版，作者：赵敏）

【记者手记】

一担50公斤的谷子，在大家眼中看起来价值甚微，然而，谁又知晓，七十年前，正因为村民"田三爹"的热心肠，借出了一担谷子，救了一个贫困家庭。

年已八十的老人李福全，为了完成父亲特别交代的遗愿，苦苦寻找"田三爹"数十年，最终找到了"田三爹"的后人。原来，"田三爹"并不姓田，真名叫李荣光,并且早已过世。

  即便如此,李福全仍很执着,按照谷子的现行市价,将50公斤谷子折算成现金,并补了一定的利息,掏出250元钱一定要还给李荣光的后人。70年后,这笔欠账一笔勾销,两家人的情谊再次延续。

  李福全从未向别人提起寻找债主和还钱的事,他说:"这是一件小事,借了别人的东西就得还,天经地义,没什么值得说的,只有还清了,我才觉得自己是一个清白人,否则我死不瞑目。"

  我们见过太多的诈骗事件,与此相比,李福全的行为更显得弥足珍贵,没有任何人的督促和提醒,他对70年前父辈的欠债却牢记在心,或许这就叫做"诚信"。

  "言忠信,行笃敬。"李福全为了良心奔波了数十年,践行着这一古老的信条。我们坚信,诚信的力量一直在我们的社会中存在,诚信的力量会让我们的社会更加和谐。

  (作者:赵敏)

浓烟英雄
谈夏林

面对滚滚浓烟,你张开双臂,挺起胸膛;面对生死抉择,你摘下面罩,给孩子戴上。你时刻牢记一名消防战士的使命,用行动诠释了新一代年轻人的勇敢与担当。

谈夏林在颁奖礼上

谈夏林在工作中

身份：现役消防军人

主要事迹：2011年5月22日14时16分，钦州市城区中心的翰林福第小区起火，消防员谈夏林与战友扑向滚滚浓烟，在停在9楼的电梯里抢救被困的小男孩时，发现孩子出现呼吸困难。谈夏林毅然摘下身上的空气呼吸器给小男孩戴上，而自己只能把身子探出窗外躲避浓烟的袭击。

【报道代表作】

浓烟滚滚唱英雄
——记钦州市消防支队新兴中队副指导员谈夏林英勇救人事迹

"浓烟哥",这一刚在网络流行的名词,正在迅速传开;谈夏林,一个消防队员的名字,已在钦州市家喻户晓。

就是他,钦州市消防支队钦南大队新兴中队副指导员谈夏林,在最危急的时候冲入火场,在浓烟中果断将自己的空气呼吸器面罩摘下,给被困男孩戴上,自己则把身子探出窗口躲避令人窒息的浓烟,奋不顾身救人于危难之中。这真实的一幕,在网络上瞬间传播,让无数网民为之感动。

震撼全国网民的 8 分 11 秒

5 月 22 日 14 时 16 分,钦州市中心的翰林福第小区起火,新兴中队 3 辆消防车和 17 名消防员先期前往处置。

起火的是 14 号楼,楼中还有 36 户共 47 人被困,电梯停在 9 楼,一男孩被困其中。

滚滚浓烟,人命关天!谈夏林是第一批赶到现场的指挥官,他确定小男孩的位置后,立即带领二班长罗朝辉和战士杨云,向 14 号楼冲去,一瞬间就扑进了滚滚的浓烟中。

他们一路摸索,一鼓作气地爬到 9 楼通道。楼道内浓烟弥漫,能见度太低,谈夏林触到一块冰凉而光滑的平面,并隐约听见微弱的求救声。"电梯!撬开!"他大声命令。电梯门"哗"地被撬开时,一男孩瘫坐在电梯里。

情况危急,谈夏林迅速脱下自己的空气呼吸器面罩,给孩子戴上,随后抱起被困男孩,撤到 8 楼与 9 楼之间的窗口。

没有了呼吸器面罩,浓烟中的谈夏林眼泪直流,并伴着强烈的眩晕和恶心,让他全身发软。"一定要把孩子救出去！"谈夏林坚持着。

网络上流传的视频，就是从这里切入。这段时长仅8分11秒的视频，感动了千万网民。

从视频的第5秒开始，一个半打开的窗口画面中，出现一个人与一副面罩，这就是谈夏林和戴上空气呼吸器面罩的被困小男孩。

第17秒时，浓烈的烟雾一阵阵袭来，几乎吞没了整个窗口。

1分59秒，画面再一次拉到窗口时，可以清楚地看到谈夏林的右手扶着小男孩脸上的呼吸器面罩，自己却探出身子往窗外吸气，他还不断低头与小男孩说话，稳定小男孩的情绪。

时间一分一秒地过去。3分20秒时，小男孩戴着的空气呼吸器氧气耗尽，并吸入了有毒烟气，呛得几乎窒息，连连呕吐，失控地挣扎着。只见谈夏林迅速将小男孩戴的面罩取下，将小孩高高举起，让他的头尽可能伸出窗外呼吸。

4分15秒，镜头又一次对准那个窗口，小男孩几乎被谈夏林扛在肩上，将头部伸到窗沿之上，避过身后的滚滚浓烟，而谈夏林却始终站在烟雾之中，头不断摆动躲避着浓烟。

7分58秒，浓烟弥漫的画面里传来"空气呼吸器"的叫声，看到谈夏林与战友将小男孩迅速转移到安全的平台。

"这是一个奇迹，常人呼入有毒气体，最快可在几秒钟之内倒下，而谈夏林却在浓烟中坚持了8分多钟，这需要超人的意志啊。"一位火灾调查专家对记者说。

下午5时许，大火被完全扑灭，没有造成人员伤亡。

"浓烟哥"点燃网络激情

这是一次成功的扑火，这是一次感人的救援。危难之中，谈夏林的壮举在社会各界引起强烈反响。

惊心动魄的救援画面，立即受到了各方关注，全国200多家媒体争相报道，32万多个网页纷纷转载，网友们亲切地称谈夏林为"浓烟哥"。

"百度百科"增加了"浓烟哥"的词条和人物介绍，百度搜索风云榜"热点人物"排行中，"浓烟哥"最高排名至第6位，互联网点击量超过600多万次。

网友的反响感人肺腑。网友"水柳"说："这一幕告诉我们，谁是最可爱的人！向消防队员致敬！"更有网友说："'浓烟哥'点亮社会的希望！"

"当时来不及多想,只想到如何保证被困小孩的安全,就快速摘下空气呼吸器面罩。"谈夏林的这句话,不断地被网民们复制和粘贴。

"浓烟哥"谈夏林勇敢的救人事迹,以网民自发的独特方式传播,社会反响强烈,树立了消防部队官兵赴汤蹈火为人民的形象,彰显了广西和谐稳定的警民关系,也升华了当代青年和基层党员干部舍身为民的良好舆论氛围。

"5·22"事故后,钦州市委书记张晓钦等领导到钦州消防支队亲切看望慰问谈夏林和参加灭火救援的官兵,称赞谈夏林是新时期爱岗为民的好警官,塑造了视人民生命安全高于一切的新时代消防官兵形象,号召钦州市全体党员干部、广大青年和社会群众向谈夏林学习。

广西社会科学院社会学所所长周可达认为,在市场经济条件下,一些人在追逐利益的过程中丧失了职业操守,但从"浓烟哥"身上可以看到,有很多人在默默地坚持职业情操,应当积极弘扬在岗位上默默奉献的精神,鼓励更多人在平凡岗位上迸发人生的光芒。

选准"熔炉"铸青春

谈夏林出生在"茉莉花都"横县,李向群等模范人物的品质和感人的事迹一直激励着他。

2008年5月12日,谈夏林光荣地加入了中国共产党。也就是这一天,四川汶川发生大地震,在余震不断的灾区,消防官兵顽强救人的感人场景,救援现场一个个跳动的"橘红色",深深地吸引着他。

谈夏林是2009届广西师范大学法学院毕业生,在进入广西消防总队之前,他已经顺利通过公务员笔试,收到了某地方检察院的面试通知。

"你为什么不去当公务员,而选择来当一名消防员?"在广西消防总队接收地方大学生入警考试进行到面试环节时,有面试官这么问谈夏林。

"消防员的任务就是扑火救人,哪里有火海,哪里就有消防员橙色的身影,我想做一个这样的人。"谈夏林的回答很坚定。

就这样,谈夏林进入了扑火救人的消防"熔炉"。

从一名大学生到普通消防兵,谈夏林迎难而上。在入警封闭培训时,因表现突出,他被评为"优秀学员"。"我此前22年跑步的路程和爬楼的级数累计起来,都不如这三个月多。"谈夏林告诉记者。

分到基层中队后,作为消防部队基层管理新兵,谈夏林以身作则,积极与其他干部协调配合，完善中队的各项会议制度、值班站岗制度，使中队管理更加正规化。谈夏林还热心社会消防事业，他同时担任了市实验小学、子材小学多所学校的校外辅导员，定期到学校开展消防安全教育课，为推行"教育一个孩子，带动一个家庭，影响全社会"的消防理念而奔走。

面对社会的关注和褒奖，谈夏林却淡然地说："灭火救人是我们的职责，我们每个消防官兵都会这样做，作为消防官兵，能够救人于危难之中，助人于危急之际，最让我们感到欣慰，也是最有价值的！"

工作两年，他没有回家过春节。2010年大年三十，他和战友们一共扑灭了6起火灾，直到次日凌晨4时才得以休息。两年多以来，谈夏林就参加了120多次灭火救援，和战友共同营救了39名群众。2010年，谈夏林所在的钦南中队被自治区评为"抗洪救灾"先进集体，被总队评为"三争优"先进单位，连续两年获得"全国青年文明号"荣誉称号。

（原载《广西日报》2011年6月13日第1版，作者：韦义华、宫玉郡、李卫）

【记者手记】

在新闻报道中，用英雄闪光的言行来塑造英雄人物的形象，是一个基本的法则。但是在这次报道中，我们采访谈夏林时，已是事件发生20天之后。

如何再现救援的现场，我们反复斟酌，寻找最好的表达方式。在不断地翻看网上的视频资料后，我们发现，英雄的壮举通过先进的电子资料，活灵活现，生动感人，只有如实地解读这一在网上广为流传的视频，才能十分准确、生动地再现救人现场，让谈夏林这一英雄形象更感性，更有可读性。

白描般的解读，让"震撼全国网民的8分11秒"淋漓尽致地释放出无穷感染力。

浓烟中，把空气呼吸器给了被救的小男孩，就是把生的希望给了别人，而自己面对死的威胁。

浓烟中，把被救小男孩举过头顶吸取新鲜空气，自己却不断摆动着头躲避着浓烟。

浓烟中，在生命受到严重威胁时，却坚持着"一定要把孩子救出去"的信念。

人瞬间的反应和行动，是一个人本质的集中反映。稿件通过谈夏林在滚滚浓烟中一系列的闪光瞬间，成功地塑造了这个新时期的消防英雄。

我们说，真正的英雄人物，是一个时代的楷模，在社会功能上是其对某种秩序的整合与建构，古今中外塑造的英雄形象，都在秩序赋予方面发挥了重要的作用。

谈夏林这个英雄的形象，是在社会急剧变革的环境中，在价值观模糊的形势下产生的英雄。这一英雄的塑造，在引领新时期正确的社会价值观、人生观、宗旨观等方面，产生了强烈的"震波"。

正如文中广西社会科学院社会学所所长周可达所说的那样："在市场经济条件下，一些人在追逐利益的过程中丧失了职业操守，但从'浓烟哥'身上可以看到，有很多人在默默地坚守职业情操。我们应当积极弘扬在岗位上默默奉献的精神，鼓励更多人在平凡岗位上迸发人生的光芒。"

（作者：韦义华）

热血姐妹
黎氏三姐妹

血液稀有，但爱心不稀有。因为有了你们的积极参与和互助，使一个原本弱势的群体变得不再脆弱。你们可能不知道自己挽救过谁，但你们一定知道，自己的血液正在别人生命中汩汩流淌。

黎氏三姐妹在颁奖礼上

黎氏三姐妹献血后合影

身份：普通职员

主要事迹：她们的身体里流淌着稀有的 Rh 阴性血，俗称"熊猫血"。她们是南宁市血站的"救火队员"，什么时候有人需要输血，她们就什么时候出现在血站，哪怕是半夜。为了随时能够救人，她们养成了习惯——每天把献血证揣在身上。

【报道代表作】

弥足珍贵的"生命礼物"

他们不能同时外出旅游,因为一旦有意外难以抢救;他们随身携带献血证,因为随时可能有危重病患需要他们驰援捐血。他们是稀有血型献血者,身体里流着人们俗称的"熊猫血"。

12月14日下午,南宁市朝阳捐血屋来了三位熟悉的"稀客":拥有Rh阴性血的黎氏三姐妹。每隔半年捐一次血已经成了她们的习惯。

一封来信:开启十多年爱心生涯

黎雪莹在家排行老二,三妹黎雪蕾、小妹黎漓跟她一样,都是Rh阴性A型血。十多年前,黎雪莹在南宁街头第一次参与献血。如今,她已累计献血5000多毫升,献血量在南宁市稀有血型献血者中位居第二。

2002年6月,她刚献完血不久,就收到南宁中心血站寄来的一封信:"您献的血经过血型检测,结果为Rh阴性A型,属稀有血型,您的血液会给稀有血型病人带来无穷无尽的福音。"就这样,黎雪莹开始了"救火队员"般的献血生涯。

"哇,这封信可以算得上古董了!我们早就改用短信和电话通知了。"朝阳捐血屋的好几个工作人员都没见过当年的这种通知单,赶紧找来相机拍下来留念。这封信和献血证一起,被黎雪莹随身携带。"只要接到血站的电话,就肯定有人紧急用血,哪还有时间回家拿献血证?这么多年随身带着习惯了。"

数次救急:刚下飞机就去献血

受保存技术的限制,2007年以前,稀有血液采集后,最多只能保存35天。因此,预先采集的方法不实际,出现紧急用血的情况,总是血站通过建立起的稀有血型献血者联络册，临时打电话通知他们来救急。

2006年，黎雪莹在旅行社工作。一次她带团去港澳，回程时一天内经历了澳门—珠海—深圳—南宁的劳累行程，回到南宁时已是深夜。刚下飞机，她就接到血站打来的电话，一个严重烧伤的稀有血型病人急需用血。黎雪莹二话没说，赶紧打车赶往血站，毫不犹豫地献出400毫升血液。由于太劳累，献完血后的黎雪莹"咚"的一声晕倒在地上……

对于救急，三妹黎雪蕾也很有经验。"有一次情况很紧急，我姐姐的献血间隔时间不够，结果找我顶上。"她还记得那次早上不到7时，她就接到了血站的电话，一个稀有血型的孕妇要生产，急需用血。工作人员已经联系了一个晚上，还是筹不够血液。

实际上，姐姐黎雪莹已经接到了电话，当时她距离半年的献血间隔就只差10天。"我的身体肯定没问题，能献400（毫升），你们请示一下能不能特批？"黎雪莹主动请缨，但间隔半年才能再次献血的规定很严格，必须遵守，差一天也不行。

最后，三妹黎雪蕾接过了"接力棒"。为了节省时间，血站的采血车直接开到了黎雪蕾的工作单位，工作人员还提醒她，抓紧时间吃点早餐。黎雪蕾从小体质不好，又有晕血的毛病，平时每次献血200毫升。那次，听说因为找不到足够的血液，那个孕妇已经忍着痛苦熬了一个晚上，她挽起袖子，说："没事，献400毫升。"采到的血液被立即送往医院，她也因为晕血，回家躺了一天。

血型特殊：生孩子像过鬼门关

在网上，流传着不少关于稀有血型的"传说"，包括不能独自外出旅游，怀孕会让母子都陷入危险等。小妹黎漓很淡定，她告诉记者，只要注意一点，外出旅游等都不成问题，怀孕倒是真的比较特殊，会比普通血型的孕妇面临更多风险。

南宁中心血站的工作人员介绍，Rh血型是最复杂的血型系统之一。Rh血型不合的输血可能危及病人的生命；母子Rh血型不合的妊娠，可能发生死胎、早产和新生儿溶血症。稀有血型的女性怀孕后，需要鉴定血液中是否含有免疫性抗体，以防母婴血型不合而发生新生儿溶血。

黎漓的女儿今年已经3岁多了。她说，怀孕时除了要定期进行血液检测，分娩前，医院还特地从血站调了800毫升Rh阴性A型血，以防出现不测。最终，分娩过程非常顺利，女儿也没有遗传到她的Rh阴性血型。

唯一遗憾："稀客"不能一起旅游

跟两个姐姐相比，黎漓的献血过程有些坎坷。最开始是不满18岁，不到献血年龄。好不容易年龄到了，体重又不达标。身材娇小的她体重一直徘徊在42公斤左右，而女性献血必须体重在45公斤以上。接下来的怀孕、哺乳，让她的献血计划一拖再拖。

当妈妈后，黎漓的体重终于开始"抬头"，2011年8月，磅秤上的数字显示出"51公斤"的时候，她终于如愿以偿地献了第一次血。"希望今后我也能像两个姐姐一样，帮助更多人。"

在汉族人中，稀有血型者的比例仅为千分之三。据统计，目前南宁市发现的Rh阴性血有4种，分别是Rh阴性A型、Rh阴性B型、Rh阴性O型和Rh阴性AB型。登记在册的稀有血型献血者有约500人。"南宁市稀有血型之家"是他们自己组建的QQ群。

对其他的团体来说，组织一次出游是再正常不过了，可就是这么普通的活动，对"稀客"们来说却是奢望。黎雪莹说，她是比较幸运的，2003年参加过血站组织的一次稀有血型者聚会，大家到张家界痛快地玩了一趟。在那之后不久，国家卫生部门就出台规定，出于安全考虑，不允许组织稀有血型者集体出游。

"想想也是，我们这一大帮'熊猫血'集体出去，万一出现翻车之类的情况，上哪儿找那么多血来救？"黎雪莹说。虽然有遗憾，但是血站每年会组织稀有血型献血者进行联谊，"不能出去玩，一起吃顿饭也不错"。

技术革新：稀有血液能保存10年

记者从南宁中心血站了解到，2007年，南宁市建立了稀有血型红细胞保存库，采集的新鲜血液采用冰冻技术至少可以保存5年，经过特殊处理，保存时间还能延长到10年。

黎氏三姐妹告诉记者，有了稀有血型红细胞保存库后，她们接到紧急电话驰援捐血的情况就基本上没有了。当天，黎雪莹和黎雪蕾都献了血，为稀有血液库存添"粮草"。

据了解，2011年12月被国家卫生部定为"无偿献血宣传月"，目前南宁市的宣传工作已全面铺开。市民对献血、用血等过程有兴趣或疑问，都可致电南宁献血办了解。

（原载《南国早报》2011年12月15日第3版，标题有修改。作者：张若凡、史贝贝）

【记者手记】

　　在医疗技术飞速发展的今天，器官可以移植，断肢可以重植，可是，血液依然是无法人工制造的特殊物质。婴儿呱呱落地，母子平安；病人手术成功，转危为安……这每一场喜悦的背后，都有人在默默地献出自己的热血。所以，献血者们的热血是真正意义上的"生命礼物"。

　　近几年，"血荒"越来越频繁地出现。对现行机制的不信任是很多人选择置身事外的原因。采访中，能听到各种各样的理由，有人说："我无偿献血，为什么用血的人还是要交钱？"有人说："担心有人拿无偿捐献的血液牟利。"

　　"难道你们不担心这些问题？"我们也曾经拿这个问题问过黎氏三姐妹。老二黎雪莹说，这些她都听说过，身边也有人说她是傻子。可是她觉得，"傻就傻呗，不管怎么样，总是要有人献血的，谁都计较，谁都不献血，那到了最后，谁都没血用"。她们深信，生活在这个社会中，每个人不能只埋头拨弄自己的小算盘，还需要承担社会责任。

　　疾病治疗、孕妇生产、外科手术……如今需要用到血液的医疗项目越来越多，血液需求量逐年增加，需要有更多人加入无偿献血的行列。正因为如此，黎氏三姐妹和其他献血者一起，充当起志愿者的角色，"每天感染身边的一个人，队伍就壮大起来了"。

　　近年来，南宁市已经形成了较完善的采供血体系。"血站开放日"、"医务人员献血月"、"公务员献血月"等活动陆续开展，让更多的市民了解血液和血液制品的功能，了解无偿献血的重要性和必要性。

　　"血到用时方恨少"，别等到"血荒"越来越频繁地出现，才开始反思。每个人都可以成为"生命礼物"的赠与者。

（作者：张若凡）

2012 年
广西公民楷模新闻人物提名奖

最美警嫂
黄武英

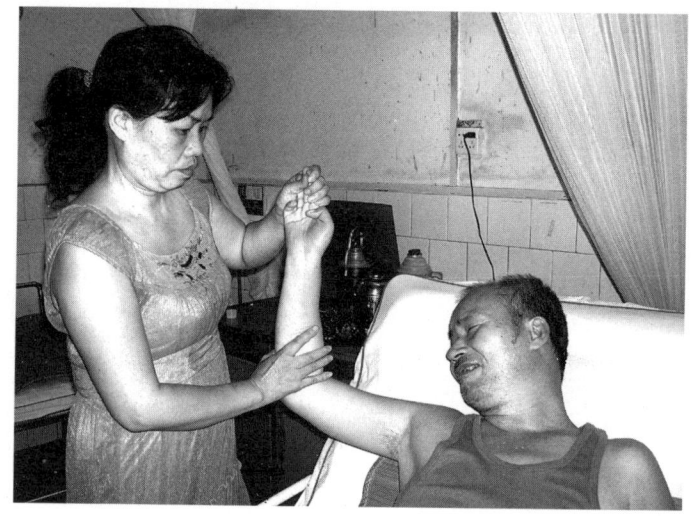

黄武英在给丈夫擦拭身体

身份：林业局工作人员

主要事迹：她是站在森林公安身后的普通妇女。丈夫执行任务时颅脑重度损伤，成了植物人。这种脑外伤成活率只有15%，治愈的可能性几乎为零。每天，他不能说话不能动，她给他唱歌，给他擦身，就这样过了十年。他时常高烧，她手拿冰块给他降温，满手冻疮。

【报道代表作】

融在血液里的爱

柳江县公安局森林公安分局民警李胡贵在9年前的一次执法行动中遭遇意外，颅脑严重受伤，医院3次下达病危通知书。妻子黄武英在最艰难的时刻没有放弃，她在病床前唱歌、讲故事，用各种亲情呼唤的方式唤醒了昏迷的丈夫。尽管李胡贵后来成了一个只能咿呀哭喊、生活完全不能自理的植物人，但黄武英没有放弃，依然守候在丈夫身边。她用3300多个日夜的守候，践行着中国女性的传统美德，也诠释着作为一位警嫂的荣光。

凌晨执行任务　丈夫遭遇意外

2002年9月11日，对于今年48岁的黄武英来说，是一个难忘和悲伤的日子，一家人的幸福生活，在那一天突然遭遇转折。

当日早上7时许，黄武英刚下楼准备出门上班，柳江县林业局的一位领导开着车匆匆忙忙地赶到楼下，拦住了黄武英。林业局的领导告诉黄武英，她丈夫李胡贵受伤了，要黄武英赶紧丢下手头的事，随车一起到柳州市工人医院看望。

"一听到他受伤，我的心就扑通直跳，感到出了大事，如果是小伤，不会被送到市里的医院！"黄武英一路上思绪很乱，当日凌晨4时左右，李胡贵接到任务后出了门，怎么一下子就进了医院？

在柳州市工人医院急诊科，黄武英看到了躺在病床上等待做手术的丈夫，只见丈夫头发凌乱，后脑勺处流血，人一动不动，呼吸急促。黄武英走过去抓住丈夫的手，眼泪马上哗啦啦地流了下来。

李胡贵被送到手术室抢救，黄武英焦急地在医院等待，此时才了解到事情的来龙去脉。当日凌晨4时许，柳江县林业局接到群众举报称，有人无证运输木材，偷运木材的车子正从穿山镇方向开出。民警李胡贵和同事覃海国接到任务后迅速出警，在柳石路莲花村路口拦住了嫌疑车辆。

覃海国要求车上的人出示木材运输证，对方谎称找不到木材运输证，车上的司机忽然启动车子企图强行冲卡。覃海国正站在车上，一见司机启动车子，就伸过手去跟司机抢方向盘。此时李胡贵在车下，也赶紧跳上车帮忙，没想到坐在副驾驶室的男子拨开李胡贵的手，将他推下了车。李胡贵仰着倒在路边，后脑着地，现场流了很多血。

在双方的争持中，运输木材的车子撞上了路边的隔离带，车上的司机被当场抓获，另一名犯罪嫌疑人侥幸逃脱。随后，受伤的李胡贵被送到当地医院救治，因为伤情严重，又马上转送到柳州市工人医院。

三下病危通知书　妻子声声唤醒丈夫

当日上午9时李胡贵被推进手术室抢救，一直到下午1时手术才结束，转送到重症监护室。医生告诉黄武英，李胡贵重度颅脑损伤，病情非常严重。医院随即向家属下达了病危通知书。

面对这场突如其来的变故，黄武英懵了，感到天都塌下来了。除了流眼泪，黄武英日夜守在医院，饭都吃不下，期待着丈夫能醒过来。做完手术一周后，躺在病床上的李胡贵依旧没有半点动静，此时又出现颅内感染，他的病情进一步加重。医院又下达了病危通知书。有人劝黄武英放弃治疗，但是她仍然坚持。

"只要有1%的希望，我都不愿放弃！"黄武英说，她相信亲情的力量。在病床前，每天黄武英都用手去抚摸李胡贵的脸，抓住他的手，一声声呼唤李胡贵的名字。黄武英曾看到过植物人醒来的新闻，她找来了很多关于植物人康复的书，一本一本地翻，学习里面的做法，她相信躺在病床上的丈夫能醒过来。

李胡贵在重症监护室待了20多天，一直都没有醒来。10月10日上午8时，李胡贵的病情似乎出现了转机，他的眼睛睁开了，但是身体依旧没有任何反应。这让黄武英欣喜，终于能看到丈夫睁开眼睛，她更加坚定了治疗的信心。但是一周后，李胡贵又出现发烧的症状，高烧不退，每天体温都在38度以上。

李胡贵在医院连续发烧了3个月，其间医院又下了病危通知书，劝黄武英放弃治疗，准备李胡贵的后事。医生告诉黄武英，这种脑外伤成活率只有15%，治愈的可能性几乎为零。黄武英说，听到这个消息，她快要崩溃了，感到自己无能为力，甚至动过自杀的念头："有几次走在路上看到车子就想撞过去，但是想想女儿，还有家里的老人，今后他们谁来照顾？"出于对家庭的责任感和对丈夫那份割舍不掉的爱，黄武英艰难地从绝望中走了出来。

黄武英每天都给李胡贵做全身按摩，跟他说话。李胡贵高烧不退，她就找来冰块，用毛巾包住冰块，敷在李胡贵的身上，给他退烧。由于每天都用手拿冰块，黄武英的手上都冻出疮来。黄武英翻遍了各种关于植物人康复的书，什么方法对刺激神经管用，她就尝试什么方法。黄武英在病床前为李胡贵唱歌，希望他能听到，还专门买了一个小录音机，每天都播放他们夫妻最喜欢的歌曲《明天会更好》。旁边的人看到这种情形，刚开始都以为她已经"不正常了"，但后来他们都被黄武英深深感动了。

"按摩、针灸、唱歌，什么方法都试过，我不怕别人笑话，只希望用这种亲情呼唤的方式，让丈夫醒过来！"黄武英说。

李胡贵后来又被送到南宁等地的大医院治疗，黄武英始终寸步不离地照顾。或许苍天真的被这位坚强的女人感动了，有一天，黄武英突然发现丈夫能"咿咿呀呀"发出声音，能微微点头，双手也能小范围地挪动了。

9年不离不弃　久病床前有贤妻

2003年，李胡贵的病情稍有好转，大脑已经有了意识，能跟妻子做简单的交流，看见有人来探望，也能发出"啊啊"的声音。但病情向好的趋势很快又停滞了，李胡贵只能整日躺在病床上，双脚出现萎缩，成了生活完全不能自理的植物人。

2003年6月，李胡贵又回到柳州市内一家医院治疗，照顾他的重担全部落在了黄武英的身上。为丈夫按摩，清理病床上的大小便，还要照顾家中即将上高中的女儿，每天黄武英都穿梭在家和医院之间，转眼就是两年多时间。很多病友都被她的细心和耐心感动了，一位70多岁的老人看到黄武英忙前忙后，劝她别为难自己了，趁年轻改嫁。"照顾这样的病人三年，三年后还没有好，就该另做打算，相信他也不会有怨言，这样对得起他，也要对得起自己！"那位老人说。

"听上去这话是有道理，不能一辈子就这样，但我哪里抛得下他，我走了他怎么办？"黄武英说，回想起两人当年的美好生活，她又怎能狠心离开。

黄武英和李胡贵都是柳江县里雍镇人，当年，黄武英是白沙乡中心学校的一位老师，李胡贵是白沙乡武装部部长，两人1988年自由恋爱结婚。虽然家底薄，但夫妻俩很努力，结婚不久又添了可爱的女儿。后来李胡贵调到柳江县土博镇政府，黄武英也跟着走出了白沙乡，两人还用积蓄在拉堡镇建了房子。眼见生活一天天好起来，没想到却出现这样的变故。"夫妻俩这么多年相濡以沫，爱情早已化成了亲情，融在血液里，怎么能放得下！"黄武英说。

黄武英依然相信亲情的力量，她认为这种亲情会唤醒丈夫，尤其是家的氛围，会让李胡贵的病情进一步好转。尽管把丈夫从医院接回家中非常麻烦，但黄武英还是在春节期间把李胡贵接回家中照顾。

2006年，黄武英将李胡贵接回家中过春节。大年初一，黄武英只出门一小会儿，回来时发现李胡贵的大小便已拉在床上，黄武英耐心地把被单、被套换下来，没想到当天连续换了三次被单、被套，晚上她和女儿睡觉都没有干被套。过年家家户户喜气洋洋，黄武英想起躺在病床上不能自理的丈夫，只能偷偷流眼泪。

俗话说，夫妻本是同林鸟，大难临头各自飞。但黄武英面对在病床上躺了9年多的丈夫，没有转身离开。

期待有一天　他能敲门回家

在黄武英、李胡贵一家与病魔作顽强斗争的同时，还有一个心愿未了，就是当年造成李胡贵受伤的犯罪嫌疑人一直在逃。

这些年，柳州市森林公安局、柳江县公安局森林公安分局除了在生活上予以照顾，积极救治李胡贵之外，从未放弃对犯罪嫌疑人的追捕。经调查，当年致使李胡贵摔伤的男子熊某是象州县象州镇人，熊某户口所在地的派出所一直把他列为重点追捕对象，但他始终杳无音讯，如同人间蒸发一样。

今年7月，自治区森林公安局局长罗卫东到柳江县调研，专程到医院探望李胡贵，当着他的面要求基层单位结合清网行动开展攻坚破案工作。随后，柳州市森林公安局局长周钢亲自挂帅，成立专案组，全力搜索犯罪嫌疑人熊某的行踪。今年8月，办案民警终于获得熊某已经潜回象州老家的准确消息。8月12日，专案组民警赶赴象州县熊某的家中，将正在熟睡的熊某抓获归案。

8月19日中午，自治区森林公安局、柳州市森林公安局和柳江县公安局森林公安分局的领导专门到医院看望李胡贵。当他们将熊某的照片放在李胡贵的眼前，告诉他凶手已经抓获时，躺在病床上的李胡贵泪如雨下，双手双脚不断颤抖，喉咙里发出嘶哑的哭声。李胡贵的强烈反应，让在场的人无不动容，守候在病床前9年多的黄武英更是泣不成声。

"虽然他不能说话，但是我知道他心里在想些什么。抓不住凶手，李胡贵死都不会瞑目！"黄武英说。

如今李胡贵躺在柳江县人民医院一间康复病房内休养，黄武英专门聘请了一名护工日夜护理他。黄武英可以正常上班了，李胡贵的女儿今年也大学毕业了。每次黄武英到医院，都会跟李胡贵聊聊天，谈谈家里的事情和工作上的事情，尽管李胡贵不能言语，但可以通过点头等方式与黄武英进行交流。

"我依然相信会有奇迹出现，我还在等待他康复的那一天！"黄武英说，她之所以接受采访，就是希望有人看到这个故事，有更好的医疗办法能帮助李胡贵重新站起来。"我常常梦见有一天，有人来敲我家的门，打开门一看，李胡贵健健康康地站在我的面前！"黄武英说。

（原载《南国今报》2011年11月24日第9版，标题有删改。作者：刘志杰）

【记者手记】

"我常常梦见有一天，有人来敲我家的门，打开门一看，李胡贵健健康康地站在我的面前！"至今我还清楚地记得黄武英说这句话时的表情：先前一直像拉家常一样的嗓音陡然低下去，喉咙里像有什么东西卡住一样，眼眶湿润，双手都有些颤抖。也许，正是这句话击中了她内心最脆弱的角落，但或许也正是这个有些不切实际的梦，支撑着她走过3300多个日夜。

了解到黄武英的故事，是在一次与柳州市森林公安局民警的聊天中。当聊到森林公安的工作时，我说森林公安的民警，不会像刑侦、缉毒警那样危险，充满挑战性。一位民警接话说，森林公安也会身处险境，柳江县森林公安局就有位民警，查案时被摔成了植物人，已经多年了。听到这话，我就敏感地意识到，这其中可能有故事。果然，关于黄武英和她丈夫的故事就呈现出来。

联系、采访黄武英前，我尽量地叮嘱自己，要平静、客观地写她的故事。从个人感情来讲，我有些厌烦那些"高、大、全"的报道，为了突出主人公，无限地拔高，带着无比崇敬、敬佩的心情去写人物。尽管她遭遇特殊，她仍是一个普通的人——这是我的想法。所以采访的时候，我就像一个去医院探望她丈夫的朋友一样，跟她聊家常，聊李胡贵遭遇事故的前前后后，甚至还问过这样的问题：是否有人劝过她放弃，另外找人改嫁等等。

黄武英是个诚实的人，回答问题没有任何刻意，即使在我说到改嫁的话题时，她的回答依然坦诚：成为植物人的李胡贵确实是个负担，有时的确想放弃，也曾有人劝她改嫁，她也动过这样的想法。她说，想来想去，她总觉得就这样撒手不管，会亏欠李胡贵，也怕周围的人因此看不起她。作为记者，我认为这是个不虚伪的答案：夫妻本是同林鸟，大难临头各自飞，何况当时她还不到40岁就要面对可能终身是植物人的丈夫。这样的答案让我看到人性，这是个诚恳、不虚伪的女人，而正是这样具有普通人想法的女人，让我看到了她多年的不易，她的坚守和高尚。有了这样的感觉，写黄武英的稿子就非常流畅，两个小时左右的时间就完成了，因为不需要去刻意拔高，如实写她的生活、故事就足以感动人。

黄武英是个生活不易的女人，她跟所有的人一样，期盼安安稳稳的日子、平平凡凡的生活，却没有料想到生活中途遭遇变故。纷繁复杂的世界里，她守在病床前，守着一个梦，也成就了一个坚守的故事，我们应该向她致敬。

（作者：刘志杰）

独腿交警
赵 鹏

赵鹏在工作中

身份：交警

主要事迹：2009 年，在高速路上处理一起交通事故时，他被一辆货车撞伤，失去了左腿。他要求继续留在交警岗位上，于是他来到广西交通安全网。在网络这条"道路"上，他每天浏览大量网页，受理网上咨询、投诉，与网友实时互动，有时要工作到半夜 3 时。

【报道代表作】

一条腿，站起不屈信念

诗人说：道路，是交警的田野；站立，是交警的耕耘。

英姿飒爽地站好岗位，是交警最美的职业选择。

然而，当交警失去一条腿，站起的，将是怎样一种人生姿态？

广西公安厅交警总队民警赵鹏，靠一条腿，站起了不屈的人生信念。

倒 下

2009年9月14日，一次寻常的出警。

桂柳高速公路1181公里处，1公里路段内，接连发生3起道路交通事故和1起易燃物品运输车辆自燃事故，造成路段严重堵塞5小时。

情况紧急。本该休假的赵鹏，和队友一道奉命增援。

他没有想到，这是一次不寻常的出警。

当赵鹏和队友正在疏导交通时，一辆中型特殊结构货车与一辆重型厢式货车发生追尾，随后如脱缰的野马一般，猛然越过护栏，朝赵鹏狠狠冲去！

一阵剧烈疼痛，赵鹏眼前一片黑暗，失去了知觉。

几秒钟后，赵鹏睁开双眼，忽然发觉，左脚使不上劲儿，怎么也站不起来。他侧头一看，顿时惊呆了——左腿动脉被碾断了，鲜红的血液一股股地往外喷！

队友赶紧给赵鹏包扎好伤口，紧急送往就近的永福县医院！

抢救，紧急抢救！

医院调齐最好的医生，采用最先进的医疗手段……一场与死神赛跑的抢救迅疾展开。

然而，次日上午，赵鹏出现多系统器官功能障碍，病情恶化，必须紧急转至桂林抢救。

此时的赵鹏，失血性休克，生命危在旦夕！

爱心接力，悄然展开。当晚，桂林市30多名武警官兵和交警闻讯赶来，他们纷纷卷起袖子，为赵鹏献血3500多毫升。

血浓于水，情浓于血。生死一线，赵鹏挺了过来。

昏迷两天两夜后，赵鹏苏醒过来，看到了医院的白色天花板。然后，发现左腿上包着一大团还在渗血的纱布。

"我的腿怎么样？"

"我还能站起来吗？"

……

守在病床边的亲友怎么忍心说出口呢？一位在岗位上站出飒爽英姿的交通警察，将要靠一条腿走过余生。

不 屈

赵鹏是贵州贵阳人，2001年7月从贵州大学毕业，经广西公安厅交警总队层层选拔，被录用从警。

事发时，他正值而立之年。精彩的人生刚刚开始，却不幸遭此一劫。

那段时间，痛苦和绝望，就像一对孪生兄弟，死死纠缠着赵鹏。

每一次手术，都是一次生与死的挑战。各种各样的幻觉，让赵鹏感觉脆弱的生命在鬼门关前徘徊。

一个人的危难，凝聚一个集体的温情。

在广西交警总队，领导和队友们感同身受，焦急万分。总队领导专门安排人到北京请来专家，为赵鹏会诊。

在桂林医学院附院，从院领导到普通医务工作者，无不为抢救赵鹏倾注了全部心血。

在各方的努力下，赵鹏脱离了生命危险，但仍需左腿截肢。

这是一次生理与心理的极限考验。

那些日子，赵鹏躺在床上，数着药水瓶里的点滴，心中十分清楚，他从此只能靠一条腿站起来了。

但他深知，自己的态度决定着身边亲人、领导和同事的情绪，因此他不能倒下，不能输！他要继续乐观地活着，不就少条腿，只要活着，就是胜利！

经过几次手术，赵鹏的病情得到了稳定。

在病榻上，他接受了残酷的现实，开始了漫长的治疗休养，开始规划未来的人生。

"我失去了一条腿，但我不会让自己的梦想倒下。"赵鹏在日记中写道："一条腿，照样能顶天立地！"

后来，在总队领导的关照下，赵鹏装上了假肢，日常行走已不成问题。

2010年3月，赵鹏康复出院，面临着一次新的人生选择：作为伤残民警，他可以躺在功劳簿上；作为功臣，政策可以保障他有份轻闲的工作。

而赵鹏向组织要求：继续留在岗位，继续为交通管理尽绵薄之力。

但领导考虑到他的实际困难，还是给他安排一个更合适的岗位——负责广西交通安全网的相关工作。

站 起

站立，是一种生活姿态，更是一种不屈的精神信念。

从警8年，赵鹏在岗位上，站出了人生的精彩。

在大学里，赵鹏学的是打击乐专业，有着广阔的演艺前途。但他毅然放弃到北京发展的机会，选择来广西，做一名普通的交通民警。

由于所学专业与工作关联不大，一切从零开始。

面对困难，他一头扎进去，苦练基本功，很快成为大队业务工作的排头兵。几年来，他多次参加各项业务竞赛，均取得了好成绩。2005年到2008年，连续4年被评为高速公路管理支队"纠违岗位能手"。

从警8年，赵鹏在千里高速路上，栉风沐雨，接警1000多起，加班加点4000多个小时，处理危急事故200多起，为生命护航100多次，挽回经济损失100多万元。

然而，突如其来的灾难，使赵鹏的人生发生了巨大转折。

但他的信念并未动摇。

"生命是个奇迹，就算前边的路再难走，都有美丽的风景，我不能因为遭遇困境关上梦想的窗户。"赵鹏勉励自己。

如今，身为广西交通安全网总编办主任的赵鹏，从现实回归网络，从"前线"退到"后方"，在另一条宽广的"道路"上，以另一种方式，为交通管理事业贡献一份力量。

赵鹏主要负责公安微博的建立、运作与网络舆情的管理以及网上总队长热线工作。赵鹏虽然仍处于康复期，但是为了搞好本职工作，每天他都要拖着残缺的肢体坚守岗位，浏览大量网页，受理网上咨询、投诉，还要通过网站与网友实时互动，回答网友各种各样或尖锐或棘手的问题，有时工作到深夜3点多钟。例如，在一条博白县交通事故当事人投诉事故处理不公的帖子上，赵鹏就花了大量的时间来研究案情和撰写材料，他个人回帖共76条。此帖引起了网民的极大关注和参与，点击4万多人次，回帖达到400多条。

一对常年跑车的梁姓兄弟在题为"感谢交通安全网，感谢赵鹏警官为广大司机和交警建立起沟通的桥梁"的帖子中写道："通过这件事情，让我们真正感受到了交警同志为驾驶员服务的精神，为司机朋友安全所做的努力，消除了我们之前对交警很多的偏见和误解。这段时间也经常上交通安全网和广西交警在新浪的围脖群，通过交通安全网和新浪围脖群也了解到了赵鹏警官和很多交警同志的事迹，也让我们更多地了解了交警的工作。现在，我们也会经常推荐身边的司机朋友到交通安全网看一看，我们觉得，只有互相了解，才能互相理解。希望能有更多的机会和赵警官沟通学习。再次感谢广西交通安全网和赵警官。"

有的则是赵鹏的"粉丝"。网友"辣笔骁心"说："赵鹏警官，我是先闻他的故事再见到他的真人。人是平凡人，语是平凡语，但他透露出的那股真诚、坚韧和感恩，令人深考：作为一名警察，该如何去做才能对得起自己这身警服？"

这给了赵鹏很大的激励，也让他倍觉重任在肩。他说："网络改变了我的生活，为我的人生重新开了一扇窗。网络的力量是强大的，我希望通过网络让更多的人参与到交通安全管理中来。"

每天，他都会浏览国内的交通管理网站，关注最热点的新闻话题，将与交通有关的案件、新闻和常识性的知识在网上发布，回复网友的提问，协调解决投诉，通过网络架起了相互沟通的桥梁。网友们也用行动给予赵鹏莫大的支持，在他办公室里六面鲜红的锦旗见证了赵鹏对群众的真情。

为更好地发挥网络的作用，赵鹏还开通了自己的微博，在微博上探讨交通管理问题。微博开通不久，关注度每天都在刷新。一位网友说："我欣赏这个赵警官，一个来自基层的老民警就是不一样，支持！"

"支持"两个字，给了赵鹏无穷的动力。"新的工作刚刚开始，我将继续努力，不辜负领导和大家的期望！"他满怀信心地说。

广西交通安全网总编刘剑辉有感于赵鹏的执着与追求，写了一首打油诗，为赵鹏祝福、喝彩：

有个交警叫赵鹏，心肠热得像灯笼；身残志坚不怕苦，满腔热情为群众。英勇负伤在一线，生死考验仍从容；大难不死悟真谛，浴火重生更宽宏。网络舆情新战线，倾注心血下苦功；一字一句见真情，栏目越办越火红。

（原载广西新闻网，作者：林娟）

【记者手记】

当我看到赵鹏的事迹材料的时候，不禁感叹，作为交通战线上的一名工作者，赵鹏忠于党、忠于祖国、忠于人民，在交管工作上尽职尽责，用自己的行动生动诠释了人民警察"执法为民"的高尚理念，赢得了人民群众的支持和赞誉，为推动公安事业和和谐社会建设做出了积极贡献，树立了公安机关人民交通警察的良好形象。

从警8年，赵鹏在岗位上站出了人生的精彩。然而，突如其来的灾难，使赵鹏的人生发生巨大转折，但他的信念并未动摇。"生命是个奇迹，就算前边的路再难走，都有美丽的风景，我不能因为遭遇困境关上梦想的窗户。"赵鹏勉励自己。

赵鹏用普通人也难以匹敌的工作热情和态度投入到全心全意为网友答疑解惑、为百姓解决难题中。如今，身为广西交通安全网总编办主任的赵鹏，从现实回归网络，从"前线"退到"后方"，在另一条宽广的"道路"上，以另一种方式，为交通管理事业贡献一份力量。

人是平凡人，语是平凡语，但赵鹏透露出的那股真诚、坚韧和感恩，令人深考。无论在公路上还是网络上，赵鹏的工作热情和态度都一如既往，他重新找到了人生坐标，站出了崭新的人生姿态。而他的精神，也值得我们学习！

（作者：林娟）

80后"无畏姐"
植志毅

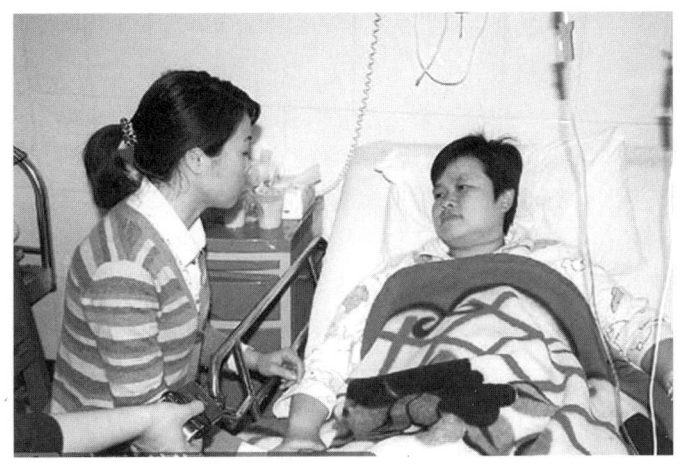

被抢包的女孩到医院看望植志毅

身份：禁毒女民警

主要事迹：她是一名在缉毒案件上屡建奇功的女民警，从警几年间，她抓捕上百人，帮助50多人，自己身上受伤4处。她的英勇延续到工作外。2012年3月29日，她在家休息时，听到楼下喊"抢劫"，冲下楼与持刀歹徒搏斗，被歹徒捅伤，失血过多晕倒在地，几乎丢了一条命。

【报道代表作】

80后女警勇抓歹徒　书写无畏传奇

3月29日晚22时许,广西贺州市公安局八步分局禁毒大队副大队长植志毅在鼎富小区三楼的亲戚家休息时,听到楼下有人呼喊"抢劫"后立即冲下楼,发现歹徒已抢过女孩挎包并往街上逃跑。身高只有一米六的植志毅不顾受害女孩"歹徒有刀"的一再提醒,奋不顾身朝着身高足有一米七的歹徒追了过去。歹徒发现无法脱逃后,立即转身挥舞着手中的尖刀,恶狠狠地警告说:"别再追,再追就捅死你!"而赤手空拳的植志毅没有任何退缩,朝着歹徒英勇地扑了过去,并死死拽住歹徒握刀的手,与歹徒展开了激烈的搏斗。搏斗中,歹徒用刀捅伤植志毅腹部后趁机逃跑,但植志毅强忍疼痛依然坚持追赶歹徒几十米远,直至因内出血过多倒在地上,最后被闻讯赶来的群众送往市人民医院进行抢救。

植志毅的英勇事迹牵动了贺州市各级党委、政府领导和群众的心,纷纷来到医院看望慰问。自治区党委、政府也很关心植志毅同志的受伤情况,自治区副主席、公安厅厅长梁胜利还作了专门批示。

3月30日上午,贺州市公安局局长李伟章专程赶到医院看望慰问了刚做完手术、已脱离生命危险的植志毅,转达了市委书记彭晓春,市长白希,市委常委、政法委书记陆海平等领导的亲切关怀和慰问,并代表市公安局党委送上了慰问金和鲜花。李伟章局长高度肯定,植志毅作为一名女警,始终把人民的生命财产安全放在第一位,在关键时候不顾个人安危挺身而出,不怕流血牺牲,英勇搏斗,表现出她崇高的敬业和献身精神,弘扬了忠诚为民的人民警察核心价值观,为贺州警察树立了榜样。

3月30日上午,贺州市八步区区委书记张誉夫,区长徐海浪,区委常委、政法委书记义崇东在八步区副区长、公安分局局长何洪波的陪同下,来到医院专程看望慰问了植志毅。

3月31日上午,贺州市委常委、政法委书记陆海平代表市委、市政府亲切看望慰问了正在治疗的植志毅,他高度评价了植志毅,认为植志毅是"我们贺州政法战线的骄傲",并叮嘱她静心养伤,争取早日康复。

4月1日上午，贺州市委彭晓春书记在市委常委、政法委书记陆海平，市委常委、秘书长廖成明，市人民政府副市长刘国学等领导的陪同下，来到医院看望慰问勇斗歹徒受伤的女警植志毅，并送上了慰问金。彭晓春认为，植志毅同志作为80后女青年的杰出代表，不怕牺牲、勇于负责的事迹非常感人，勇斗歹徒维护贺州平安的精神，为这个时代、为贺州增添了一笔宝贵的财富，对于构建和谐警民关系、和谐贺州、提高群众的满意度、弘扬广西和贺州的精神均具有十分重要的意义，非常值得全市各行各业和广大干部、群众学习。宣传部门要广泛做好宣传工作，大力弘扬正气；团委、妇联等单位要结合本系统的工作职责，号召广大妇女和团员向植志毅同志学习，尤其是公安机关要全面深入学习。同时要把植志毅同志的先进事迹及时向公安厅、公安部报告，并要求医院要全力医治好植志毅，不能留下后遗症。他嘱咐八步区委、政府和公安部门要关心照顾好植志毅的家庭。

4月1日下午，自治区公安厅慰问组带着厅党委和自治区副主席梁胜利的深情厚谊，专门从南宁赶来慰问植志毅，并送上了慰问金。

令人尤为感动的是，曾经得到植志毅教育帮扶过的三名吸毒人员，听说植志毅的英勇事迹后，30日下午拿着鸡、带着水果专程来到医院。31日下午，又有5名群众给植志毅自发送了花篮。

据了解，现年29岁的植志毅自2005年从广西警官高等专科学校治安管理专业毕业以来，先后在步头派出所、打击城区"两抢一盗"专业队和八步分局禁毒大队工作过。2008年和2012年分别荣立个人三等功一次，2010年至2011年获个人嘉奖三次，2011年度还被评为"全区禁毒破案能手"。

（原载广西新闻网，作者：李其胜、苏琳）

【记者手记】

与其说植志毅的事迹是让人感动的，不如说是励志的。在"80后"这个词被黑了那么多年之后，我自己都快觉得好像我们"80后"就是那样的人了，但是，做完植志毅的访谈之后，才知道，有一种"80后"叫作正能量。

植志毅是一个女孩子，娃娃脸，完全颠覆了我对缉毒警察的印象。在这次勇斗歹徒事迹之前，她因为大大小小的功绩和英勇事迹已经拿过很多表彰了。以她一个80后女警奋战在缉毒战场上的各种经历，这次勇斗歹徒根本不算什么，只不过这一次她差点送了命。

不过，即使戴上了这么多光环，受邀做了那么多场事迹报告会，她的言语依旧是非常朴实的，没有自大，没有浮躁。在演播室的时候，为了让植志毅在镜头面前放松下来，同事们不停地说笑话缓和气氛，眼看着整个演播室都快插科打诨成一片了，但是植志毅依旧憨憨地笑着，很亲切，却不会被这样的气氛带着走，仍然保持着一份清醒。

或许就是这种坚毅、纯粹的特质，让她面对吸毒者、毒贩的时候，无畏，并且充满正能量。一同来做访谈的还有植志毅帮助过的特殊人群代表，在谈到植志毅对自己的帮助时，这位代表语带感激、神情激动。相比起面对带刀歹徒的直接搏击，这种润物无声的感化难度更大，而植志毅在这方面取得的成绩，在整个禁毒大队里也是拔尖的。

或许是因为"80后"这个词被赋予了太多负面形象，植志毅的出现给我的感觉是挺震撼的，难以相信这么多的正能量是从一位"80后"同龄人身上散发出来的。我相信她的事迹不是最感动人的，但当你模拟自己身处那样的情境时，你会发现这需要多大的勇气才能做得到，于是肃然起敬，正能量油然而生。

（作者：苏琳）

维和部长
张久生

佩戴和平勋章的张久生

身份：现役军人

主要事迹：他原是城区人武部部长，2009 年，他放弃稳定工作和优越待遇，考取联合国驻非洲国家军事观察员资格，到科特迪瓦执行维和任务。他工作在炮火中，得过伤寒，救过当地黑人和联合国官员。他写的歌在科特迪瓦广泛传唱，让大家记住了这位来自广西的维和战士。

【报道代表作】

柳州"部长"到非洲维和

两年前,张久生毅然放弃稳定工作和优越待遇,一路过关斩将,考取了联合国驻非洲国家军事观察员的资格,被派到科特迪瓦执行维和任务。据悉,张久生原是柳州市城中区人武部部长,他是我军派到国外参加维和任务的唯一的一位现任人武部部长。

在科特迪瓦一年的时间里,他得过伤寒、三次救人;他将三年来储存的数万份资料信息,制作成方便检索的《军事巡逻信息库》;他给国外观察员和非洲朋友表演少林组合拳、口技……他让人们记住了,他是来自中国的张久生。

在家打"迂回战"

2008年5月,广州军区发布了报考联合国驻非洲国家军事观察员的消息。这个消息,让柳州市城中区人武部部长张久生激动不已,他渴望获得这个到国外锤炼的机会。

他第一时间把想法告诉了妻儿。和他想的一样,娘俩一听就表示反对,认为非洲战乱,情况复杂,担心他一旦去了那里会有什么闪失。

为了打消妻儿的顾虑,张久生打起了"迂回战"。一天,他购买了一张赞美人道主义的碟片——《卢旺达饭店》。吃过晚饭,他笑着对妻儿说:"今晚我们一家三口来看一部非洲大片吧!"枪声、爆炸声、小孩的哭喊声不断;国际维和队员不顾个人安危,以生命和鲜血诠释国际人道主义……碟片一看完,儿子便对妈妈说:"爸爸能参加国际维和,这是正确的选择,我支持老爸!"说完还与张久生击掌欢呼。看到父子俩的一唱一和,妻子不再说什么,在支持丈夫参加维和的军属保证书上签下了自己的名字。

过了家人关,紧接着要克服的便是语言关。从军20多年来,张久生一直坚持自学英语,为了进一步提高英语水平,通过考核,到了南京国际关系学院后,他主动找到老师请教,反复与同学交流,并坚持每天听说英语14个小时以上。

然而，就在要出国前的一个月，上级通知将派他到讲法语的国家——科特迪瓦去执行维和任务。为了顺利通过考试，他又得马上补学法语。几经周折，他终于找到柳州市一位在大学教法语的老师。在老师的悉心帮助下，张久生夜以继日地学习，最终在全军300多人参加的国际观察员基层选拔考试中，顺利通过英语、法语、驾驶等十几项严格的考试，并名列前50名而被录取。

2009年4月27日，张久生受命到联合国维和部队科特迪瓦行动担任军事观察员。

在非洲施"点穴术"

科特迪瓦的生活，让初来乍到的张久生一时难以适应。蔬菜就是土豆和洋葱，主粮就是木薯和水果。三个月后，他的体重由82公斤下降到64.5公斤。乐观的他时常对着镜子，挽起手臂，自嘲道："别看我瘦，浑身都是肌肉。"

除了饮食需要适应，饮水问题也需要克服。张久生说，当地的饮用水没有消毒处理，因此消化道传染病非常常见。刚去一个多月，他不小心染上了伤寒，一名队友也得了霍乱。

面对恶劣的自然环境，以及种族派系纷争、流血冲突时有发生的动荡局势，张久生没有后悔，更没有退缩，他在当地三次救人的经历，被人们传为美谈。

2009年5月，在一次维和巡逻的路途中，他看见一名受伤的黑人昏厥在路边，四肢抽搐，口吐白沫，状况甚为危急。他立即带队友上前施救，使用点穴术，点住伤者人中、内关等穴位，仅仅2分钟，黑人苏醒坐起，连声说"谢谢"。这一幕，让当时在场的各国军事观察员和近百名当地群众感到佩服。一位扛着枪的当地军人跑到张久生面前，一把握住他的手并竖起了大拇指，说："中国人真了不起！你是我们的好朋友！"

2009年6月23日，张久生带队前往任务区执勤，途中突然听到前方500米处响起沉闷的地雷爆炸声。他立刻停车，命令所有队员迅速下车，并打开电台，一边指挥一边严密警戒。判明情况后，即刻组织队员前去观察。到达事发地后，眼前情景惨不忍睹：一辆摩托车被炸得七零八落，驾驶员当场身亡，一名地方官员身负重伤，生命危在旦夕。见此情景，张久生立刻指导队员迅速为其包扎，并亲自开车将其运送到驻地一家医院。因抢救及时，其生命得以保全。

2010年3月8日，张久生又在科特迪瓦与加纳边境，救助了3名遭遇车祸的联合国官员。

每天都有"新纪录"

利用值班和休息日,张久生收集整理了维和观察队电脑中储存了三年多的数万份资料信息,并按村庄的拼音字头重新排序,制作成方便检索的《军事巡逻信息库》。此外,他又用半个月时间,对队里的人事分工、作战、信息运输、联络谈判、装备等各项工作的职责、程序、报表进行了综合分析研究,很快完全掌握了全队所辖200多个要地的全部数据。每次出勤归队,他们都要调出数据填写报告。平时非洲队员和欧洲队员要用三四个小时完成的报告,他只用半个小时就完成了。

鉴于张久生出色的组织协调、语言沟通和政务办公能力,到维和观察队里刚一个月,他就被上级破格任命为队长,创造了队长职务任命最快的纪录。

驾车执勤是观察员们工作的常态,因此,掌握开车的技能尤为重要。

有些事张久生印象特别深刻。一次,他开车执行巡逻任务,经过一个检查站(通常是一根竹竿)时,因为停车太靠近竹竿,站口的士兵立马就将黑压压的枪口对准他们,气氛非常紧张。经过他和队友一阵艰难的交流方才解围。

此外,由于地处边境,到处都有可能触雷。为确保安全,张久生通过请教老队员和当地群众,摸索出外出驾车巡逻的"安全法则":生路不要随便跑,熟路照着车辙走,路上异物别好奇,停车也不太靠边。牢记这个行车"安全法则",张久生在维和期间安全驾驶总里程达2万公里,并多次化解了驾驶难题。

除了在地上跑,他还挑战在空中"飞"。由于科特迪瓦国家交通极其落后,许多时候从驻扎营地到工作区都要乘坐武装直升机。从没乘坐过武装直升机的张久生要挑战自己。也正是这样,张久生通过乘坐直升机巡逻学会了空中判定方位坐标、图上作业以及对空对地通信联络等作战指挥方法。

向友邦"秀中国"

维和观察队是一个大家庭。各国军人的着装像是迷彩时装秀,仪容也有很大差别。在这里,张久生始终按中国军人的形象规范要求自己。

他的军装上绣着鲜艳的五星红旗,悬挂着中国人民解放军广州军区的臂章;他的蒙古包型蚊帐顶上,插着一面五星红旗;每天,他的电脑都按时播放军号……虽然身在遥远的非洲,祖国却一直装在他的心中。

紧张的维和任务没有让张久生停下来,富有激情的他创作了七十多篇维和军事文学作品,谱写了11首维和歌曲。其中,《科特迪瓦军事观察员之歌》

和《撑起一片蓝天》在科特迪瓦广泛传唱。同时他还为西撒哈拉等我国派出的十个维和任务区创作了《和平花》等10首歌曲，受到联合国官员的好评，也成为联系各国观察员之间友谊的纽带。

为了让国外观察员和当地群众更了解中国的历史文化，张久生还使出了法宝。

在"八一"晚会上，他跳、闪、腾、挪，如行云流水般的中国少林组合拳，赢得了观众的阵阵掌声；被他舞得密不透风的棍术，让观众起立欢呼。而他最拿手的绝活——口技，更是让大伙领略了中国艺术的魅力。

2009年国庆节快到的时候，他与我国驻科特迪瓦大使馆取得联系，从那里拿到了法语解说版的《60周年国庆大阅兵》录像片。当整齐威武的徒步方队精神饱满走过天安门时，当滚滚钢铁洪流和空中"移动长城"以挟万顷雷霆之势，展示其优越性能时，联合国维和观察队各国军人纷纷站起来鼓掌欢呼。张久生说，那一刻，一种祖国强大的自豪感在他心中澎湃激荡。

维和的日子紧张而短暂，很快，他就告别了这块神奇但仍有战争和冲突的土地。2010年3月15日，联合国授予张久生"联合国和平勋章"，他用出色的维和表现，为祖国和人民赢得了荣誉。同年4月30日，张久生回到了中国。回国后，张久生到柳州军分区开始了另一段新的征程。

（原载《南国今报》2011年9月1日第9版，作者：陈小燕、肖刘立、杨产林）

【记者手记】

第一次听说张久生的维和经历时，他已经回国一年多时间了。然而，听他说起经历的疾病、救人、惊险等，仿佛还是昨天发生的事情。

初到科特迪瓦，他不仅要改变以大米为主食的饮食习惯，适应以土豆和洋葱为蔬菜，以木薯和水果为主粮，还要克服未经消毒的水可能带来的消化道传染病。虽然没有亲身经历，但从他的讲述里，我们依然感受到了那片异土上自然环境的恶劣。

不过，他给我们带来的感受还不仅仅是这些。一次，他带队到任务区执勤时，途中500米处响起沉闷的地雷爆炸声；一次，他执行任务经过当地一个检查站时，因为停车太靠近竹竿，黑压压的枪口立马对准了他们；由于地处边境，到处都有可能触雷……这种平常人只能在电影里看到的画面，他却几乎每天都在经历着。那种紧张与刺激，光是想象都足以令人震撼。

在"公民楷模"评选活动过程中，很多原来一同参与维和的异国友人、本国友人给了他很大的支持，为他打电话投票，给他发支持短信。那种情谊，不因距离而改变，不因时间而断裂，同样让我们感动。

这就是张久生，一位铮铮铁骨、不惧牺牲、有血有肉、有情有义的中国军人。

（作者：陈小燕）

舍生忘死的好警官
陆海宁

消防员在火灾扑救现场

身份：宾阳县消防大队大队长

主要事迹：2011年9月22日，南宁市宾阳县新桥镇马村村委黄屋村一农户在其家中的私炮加工作坊中作业时，因操作不当造成爆炸，引发了火灾，事故没有造成群众受伤。就在消防人员灭火时，屋内突然发生煤气罐爆炸，造成3名消防队员受伤。在危难时刻，陆海宁迅速推开身边的消防员，自己身受重伤，倒在废墟中。

【报道代表作】

硝烟下无法忘却的身影

9月22日,南宁市宾阳县新桥镇马村村委黄屋村一农户,在其家中的私炮加工作坊中作业时,因操作不当造成爆炸引发火灾。就在消防人员正在灭火时,屋内突然发生煤气罐爆炸(即二次爆炸),造成三名消防队员受伤。在这起爆炸事故中,生死时刻,宾阳县消防大队大队长陆海宁推开身边的消防员,自己身受重伤;队友不顾烧伤和危险,从废墟中找出大队长。9月23日,记者来到事发现场,感受到当时惊心动魄的瞬间和感人的场景。

突发事件:二次爆炸造成三名消防员受伤

"刚开始是一阵噼里啪啦的响声,之后就像放了一个大炮。顿时,整个屋子就笼罩在大火之中。"9月23日,在事故现场,住在附近的黄先生给记者讲述了当时的情况。爆炸事故发生在9月22日上午11时30分许。黄先生告诉记者,响声发生后,原本一栋2层半5间房的建筑物就塌下了一角。

事故发生后,南宁市消防支队宾阳县大队接到报警后,立即出动2辆消防车14名官兵。在现场,消防人员了解到,起火的私炮加工作坊为半砖混结构,火灾过火面积约250平方米。该农户正在进行私炮加工作业,在修理爆竹结编机时因操作不当造成爆炸引发火灾。

"那一声爆炸特别响,爆炸的房子也倒塌了,附近100米以内的玻璃都被震碎了,我都被震飞了!"当日下午1时50分,火势已经得到控制,可在100米之外的村民古少华突然又被一声巨响震呆了。在响声中,他看到两名消防员被倒塌的房屋压住了。而与此同时,在另一旁正在进行灭火作业的两名水枪手也被大火烧伤。

就这样,一次突然的二次爆炸,造成了三名消防员受伤,其中两名为水枪手,另一名则为负责现场火情侦察和指挥的宾阳县消防大队大队长陆海宁。

队员讲述：爆炸瞬间，大队长救了我一命

在事故中，和陆海宁一同侦察火情的陈友是整个事故中最幸运的一员。当时，陈友和陆海宁一起，可在爆炸的瞬间，陆海宁伸手推了他一把，让他逃过了一劫。9月23日，记者找到了陈友，了解到当时的情形。

"先是看到冒一点青烟，然后烟就越来越浓了。"陈友是当日值班的班长，到达现场后，他便和大队长陆海宁一同侦察火情。当时，他和陆海宁绕过发生火灾的房屋，在后面的稻田内对火情进行观察，而其他队友则在对墙壁进行喷水降温。这时，他们发现在房屋的东北角冒出了青烟。于是，他们便找到屋主询问冒烟位置有何物品。屋主告诉他们，冒烟位置仅有几捆柴火和一堆稻草。可想不到的是，慢慢地，青烟就变成了黑烟。

看到烟雾越来越大后，陆海宁和陈友便转身。可就在转身的瞬间，现场响起了爆炸声。顿时，原本一栋两层半的建筑物轰然倒塌，砖头等四散飞来。这时，陈友感觉到身后被人推了一把，自己就"飞"到了5米之外的农田中。

"要不是大队长推我一把，我也肯定躺在医院里了。"被炸"飞"之后，陈友转身一看，发现陆海宁趴在他的身后，已经昏厥了。

紧急救援：冒着被烧死的危险，队友救出大队长

"大队长，你醒醒呀！"发现陆海宁失去知觉之后，陈友便赶紧转身，从废墟中把他拖出。陈友发现，陆海宁的头部、手部和胸部都不同程度地受伤了。可面对体型比自己大很多的陆海宁，陈友一个人根本无法将他救出。于是，他便跑出来求救。

而此时，在离房屋西南角大约10米位置进行喷水作业的两名水枪手雷耀飞和吴家飞也被爆炸引发的巨大火浪烧伤了。听到大队长受伤的消息后，众人赶紧跑到大队长受伤的位置，冒着房屋再次倒塌和再次发生爆炸的危险，包括受伤的雷耀飞在内的队员，一起将陆海宁从废墟中抬上了车，并将他紧急送到了宾阳县人民医院。

而其他两名受伤的队员，随后也被"120"救护车送到宾阳县人民医院接受治疗。

伤员状况：大队长已恢复意识，但尚未清醒

随后，记者在宾阳县人民医院见到了两名受伤的水枪手雷耀飞和吴家飞。其中，主枪手吴家飞还处在重症监护室。据了解，在爆炸的瞬间，由于火浪扑面而来，吴家飞除了面部和手部被烧伤之外，咽部也被火浪灼伤了，目前还需要在重症监护室接受治疗。

而副枪手雷耀飞伤势则相对较轻，已经转到了普通病房。记者看到，雷耀飞的双手和面部都被火浪烧伤了。雷耀飞告诉记者，爆炸发生时，他们根本来不及反应就被扑面而来的大火烧伤了。当听到大队长受伤的消息后，他们便跑过去一起救大队长，当时也没有觉得自己的手很痛。

而受伤最为严重的陆海宁，当晚便转到广西医科大一附院接受治疗。9月23日，记者了解到，陆海宁目前还在重症监护室接受治疗，已经恢复了意识，但还没有清醒。

人物追访：英勇消防官兵，爱群众也爱战友

"要不是消防人员奋不顾身，还真不知道会发生什么事情。不知道他们伤势如何。"9月23日下午3时许，记者来到事发现场。说起头一天发生的一幕，村民仍心有余悸，而对于消防员的表现，众人都竖起了大拇指。

自家房屋也被损坏了的村民古永高告诉记者，事发时，在事发房屋大约15米远的地方，就有一家销售罐装煤气的店铺。当时，店内大约有20多罐煤气。消防人员赶到后，一边灭火，一边组织人员疏散村民。当时，消防人员要求村民都疏散到2公里以外的地方。也幸亏疏散及时，没有造成群众受伤。

三名英勇的消防队员受伤的消息，牵动广大群众特别是宾阳当地群众的心。其中，大队长陆海宁的伤势更让宾阳县消防大队广大官兵牵挂。"也不知道大队长清醒了没有。"在事故中，受伤的两名消防员时刻在打探大队长的伤势。

"大队长平时对我们这些消防员很照顾。在工作中他是我们的上级，可在生活中就是我们的大哥。"记者了解到，受伤的两名消防员和陈友都是合同制消防员。陈友告诉记者，平时，陆海宁大队长就很关照队员，对队员很好。但让陈友想不到的是，在生死时刻，大队长竟然将生的机会让给了他，而选择自己面对危险。

据悉,"9·22"事故发生后,参加灭火战斗英勇负伤的三名消防官兵的救治工作引起各方领导的重视,自治区公安厅、自治区消防总队、南宁市党委政府要求相关部门要采取最好的医疗措施、最好的医疗条件和最好的护理人员,全力以赴救治伤员,南宁市和宾阳县相关领导也多次前往医院看望三名受伤的消防员。

(原载《当代生活报》2011年9月24日第4版,标题有改动。作者:曹哲虎、孙林)

【记者手记】

写这篇手记时,我已经离开新闻行业快一年了。在这一年中,很多曾经熟悉的身影已经离我远去,变得模糊。可唯独一个身影,让我无法忘记。在一片硝烟中,一个并不健硕的身影,却显得是那么的伟岸。这个身影的主人就是陆海宁,一名面对生死,选择将生的机会留给部下的消防大队长。

曾几何时,在我的脑海中都会浮现这样一幅画面:硝烟弥漫、房屋坍塌,屋内时刻面临着二次爆炸,而在屋外,消防人员正在尽力抢险,争取将损失降到最低。可就在这时,一声爆炸传来,两个人影随之被掩埋……在生和死的边缘,人类往往都会爆发出最大的潜能。可在这幅画面中,陆海宁选择了用力将身边的部下推往安全的地方,而自己用后背承担了砖石的袭击,直到最后倒在了废墟中。

采访的当日,我没有看到这位舍生救部下的消防大队长,只看到一个懊悔不已的消防兵。这名被陆海宁救下的消防战士告诉我,他的命就是大队长救下的,可如今大队长却躺在医院,生死不知。当时,我真的不清楚怎么去采写这个稿件,思绪太多、感慨太多。

一个私炮加工坊发生爆炸,造成三名消防员受伤。摆在我面前的有好几个角度:消防大队长舍生忘死救部下、宾阳私造鞭炮已多次发生事故等等。我写写停停,可在脑海中,那个一直抱着头懊悔不已的男人却一直挥之不去,他一直在我的脑海中唠叨:"不是我们大队长,我这条命就没有了!""他身上全部都是砖头,到处都是伤痕。""他什么时候才会醒呀,我不知道不知道……"写着写着,那个我没有见到的消防大队长成为了我文章的主体,成为了我重点着墨的对象,虽然我不知道他长什么样,甚至都没有见过他一面,只知道他一直徘徊在生死边缘……就这样,一篇稿件产生了,文中的主人公陆海宁是我记者生涯中唯一一个没有见过面的。

几个月后,我才隔着窗户看到了躺在重症监护室内的陆大队长,他消瘦的脸上显示着刚毅。记得他接受我的采访时说的第一句话是:"我其实没有你们写的那么伟大,只是出于本能,在当时的情况下选择了最合适的方式。"对,就是这种本能,让他选择将生的机会留给了队友,而自己却在病床上躺了无数个夜晚。在病床边,陆海宁的爱人很伤心,可也很理解丈夫的做法。在她看来,在那种情况下,如果受伤最重的不是陆海宁,她才会觉得奇怪,因为平时,陆海宁就是一个宁愿自己"吃亏"的男人。

也许是平时的这种"吃亏",陆海宁的心中永远想着别人,才会在最危险的时刻选择了推开队员,自己面对危险。

(作者:曹哲虎)

深情妻子
杨海英

杨海英与丈夫潘昌杰

身份：社区居民

主要事迹：她是"全国道德模范"获得者。1999年，杨海英的丈夫朱明佳因车祸重伤，瘫痪在床，丧失语言能力。很多人劝她改嫁，她提的要求只有一个：接纳朱明佳和孩子。2003年初，经过离婚和再婚，杨海英带着前夫与潘昌杰一起生活，从此，两人一起帮朱明佳倒屎倒尿、擦背洗衣。

【报道代表作】

孝老爱亲：杨海英

杨海英是广西壮族自治区桂林市龙胜县龙胜镇桂龙社区居民。杨海英带着前夫改嫁，与潘昌杰共同照顾瘫痪前夫。两个破碎的家庭通过重新组合，又找回了往日的幸福。

1995年，25岁的杨海英不顾家里反对，嫁给了比她大14岁的朱明佳。结婚的前四年，可以说是杨海英最幸福的日子：丈夫体贴，儿子可爱，夫妻俩开起了一家快餐店……可好景不长，1999年中秋节，朱明佳在家门口不幸被摩托车撞倒，头部严重受伤。经过半个多月的治疗和护理，丈夫醒来了，却失去了意识，丧失了语言能力，半边身子不能动弹。吃喝拉撒，所有的责任全落在杨海英一个人身上，她一边照看丈夫和孩子，一边摆烟摊以维持生计。偏瘫的丈夫总是白天沉睡，晚上苏醒，常常在午夜时分号啕大哭。刚刚睡下的杨海英又得起床给他喂药、按摩……折腾一番，待丈夫安静下来，窗外的太阳已冉冉升起。丈夫还出现偏瘫后遗症——癫痫和胃出血，经常在夜半的时候癫痫发作，吓得年幼的儿子哇哇大哭。此时此刻，杨海英每每强作镇定，只有40多公斤的她想尽一切办法将80多公斤的丈夫一点点地挪回床上，一个来回下来累得筋疲力尽。

一晃几年过去了。看着杨海英的日子那么艰难，越来越多的人伸出了援助之手，也有不少亲友甚至是朱明佳的家人劝她离婚改嫁。渐渐地，杨海英被触动了。她要求对方的条件只有一个，那就是能接纳并一起照顾瘫痪的丈夫与幼小的儿子。2003年初，同样生活不幸的潘昌杰站到了杨海英面前。潘昌杰的妻子1999年因患癌症去世，留下了他和13岁的儿子、9岁的女儿。在潘昌杰同意杨海英带着前夫改嫁之后，杨海英与朱明佳经法院判决离婚，随后与潘昌杰办理了登记手续。潘昌杰勤劳朴实，平时外出打工挣钱，在家时则经常帮朱明佳倒屎倒尿、擦背洗衣，里里外外都是一把好手。

潘昌杰的两个孩子和爷爷奶奶一起住在农村。为此，杨海英只要一有时间就往乡下跑，给孩子洗衣服、做饭，逢年过节必陪孩子一起过，孩子一放假就把他们接来县城团聚，让孩子们感受到了来自妈妈的爱。慢慢地，两个孩子也喜欢上了这个"阿姨"，并亲切地叫她"妈妈"。

杨海英带着前夫改嫁，和丈夫一起悉心照顾瘫痪前夫的事情感动了街坊四邻，也引起了各级党委、政府以及新闻媒体的关注。在社会各界的关心帮助下，杨海英一家加入了低保，申请了廉租住房补贴，参加了城镇居民医疗保险。对于社会各界给予的关爱，杨海英始终怀着一颗感恩的心，她义务负责起风雨桥至龙胜收费站一带的卫生保洁，无论是刮风下雨，始终坚持不懈。

2009年，杨海英被评为首届"桂林市道德模范"。

（原载广西新闻网，作者：王香菊）

【记者手记】

在没有见到杨海英之前，我们一直在想：这是怎样一个不幸的女人？未到30岁，就遭遇家庭重大变故，什么样的动力支撑她数十年如一日的坚守？

那个寒冷的冬日，我们在龙胜南门风雨桥边的一个烟摊前见到了那个带着前夫改嫁的女人。她满脸微笑，领着我们去家里坐坐。她的家在不远处的江边，是一间十几平方米的单间，中间用厚布隔成两间，里间有一张床，她的前夫朱明佳就睡在床上。她利索地开门，拿出几张小椅子，热情地招呼着我们几个突然到访的客人，往那一坐，俨然一副日子幸福得让人嫉妒的样子。

她很善谈，语速很快。谈及过去的艰难生活，她反应平淡得如同是在讲述别人的故事。她离婚，不过是为了带着前夫再嫁，能够在今后的生活中有人扶持、有人帮助。她的现任丈夫包容了她的前夫及孩子，而她也用爱温暖了两任丈夫及孩子，虽然他们依旧贫穷。

如今当地政府帮她解决了住房，安排了工作，她家的生活得到了一些改善。她心怀感激，义务负责起风雨桥至龙胜收费站一带的卫生保洁工作，无论刮风下雨，始终坚持。问及这些，她轻描淡写地说："反正闲着也是闲着呢！力气是不怕使的。"没有慷慨激昂的词语，也不需要多大的壮举，有的只是乐于奉献的朴实。

因为懂得，所以慈悲。这样一个不幸的女人，没有被坎坷的命运打倒，反倒热心帮助着别人。平日里，身边的人无论谁有家庭矛盾她都会热心去劝解，谁生病住院她都会去关心探望。我们走的时候，她正要准备去看邻居住院的老奶奶。

我们起身告辞，她热情相送。看着她灿烂的笑容，我联想到春日里怒放的映山红。杨海英就是那朵绽放在生活断层上的映山红。虽然她成了道德模范，成了名人，但是她依然快乐地坚守着这种在别人看来依旧艰苦的生活，并且还将持续下去。

艰难其实并不值得赞美，困苦更不应得到颂扬。但那些源于艰难困苦之中的圣洁与坚忍，赋予它们何种的赞美都丝毫不为过。很多时候，大家都会感叹世态炎凉，但总有一部分人心中始终埋藏着爱和责任。站在她面前，看着她的笑容，我们油然生出一股敬佩与愧意，敬佩于她的坚忍与乐观，惭愧自己总是那么轻易因为一些小事而焦虑。

（作者：王香菊、潘毅）

守护生命的天使
临终关怀服务者

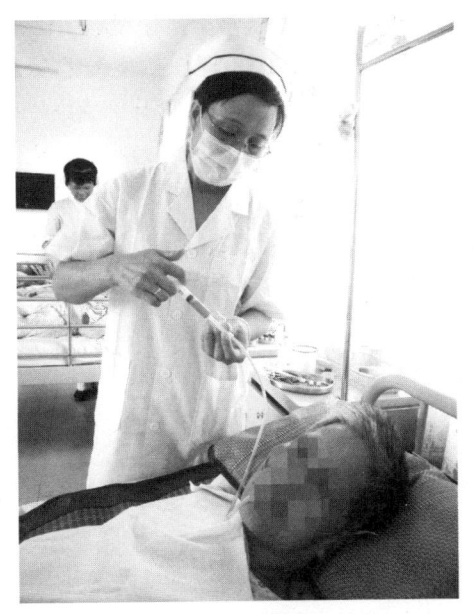

临终关怀服务者韦彩明在工作中

身份：临终关怀服务者

主要事迹：10年来，这个群体一直在默默做着鲜为人知的事情——为病危患者提供临终关怀。在服务过程中，他们不仅要克服脏和臭，还要克服临终病人的种种反应带来的恐惧，始终以关怀生命的态度面对病人。他们见证的是一个个生命的逝去，收获的是人性光辉的升华！

【报道代表作】

守护生命的天使

6月19日,南宁市金太阳老年公寓里,护理部主任韦彩明正在仔细地为一位特殊的病人毛女士做按摩手脚的护理。75岁的毛女士不久前刚刚被医院下了病危通知书。因为脑部出血变成植物人后肺部感染严重,毛女士将不久于人世,于是,她的家人将她送到了金太阳老年公寓,希望这里的护理人员能够让她安静地临终。

每个人,当生命终结的时候,也许总是孤独的。这种孤独,从前很少有人去关注,但有一些人,却有意无意地介入到了这些即将临终的人最后的孤独当中,然后,陪伴着他们走完人生的最后旅程。这就是临终关怀。在南宁市,有一些像韦彩明一样的人正在从事着这样的工作,他们就是临终关怀服务者。

微距一:让身体和心灵都有尊严的死去

人物:南宁市金太阳老年公寓护理部主任 韦彩明

临终关怀服务经验:16年

观点:在发达地区,很多养老机构能专业提供临终关怀服务,但目前南宁市还未形成此局面。

每天,韦彩明的工作就是定时照料毛女士,除了给她喂水喂食,还帮她按摩擦身。虽然毛女士已经对外界毫无感知,但韦彩明依然照料细致。毛女士入院前因为长期卧床生有7个褥疮,入院后,经过韦彩明的照顾,她的褥疮已几近消失。为了让毛女士减少生褥疮的几率,韦彩明还特意找来了泡沫和棉布,做成环状圈圈,垫在毛女士的手脚下,避免她的手脚直接跟床单接触过久。"虽然她已不久于人世,但临终关怀的宗旨是,让身体和心灵都有尊严的死去。所以,完整的肌体是必要的。"韦彩明说。

1995年,韦彩明离开来宾市人民医院到香港临终护理医院学习,后来辗转到广州、深圳的一些养老机构担任护理工作,期间曾为众多病患提供临终关怀服务。在香港等发达地区,因为医院的床位紧张、费用高,很多普通重病患者的临终都在养老机构。但在南宁,专业的临终关怀服务几乎没有形成,临终关怀也依然游离在人们的视线之外。也因为在养老机构提供临终关怀的机会很少,但凡有一个病人,韦彩明都认真对待。"护送夕阳下归去的天使,不要让病人留下什么遗憾,让生者觉得对得起死者,这是临终关怀服务者应该努力做到的事情。"韦彩明说。

最让韦彩明印象深刻的是一名年仅19岁的女孩,在一次体检中发现患了肝癌晚期,家人都感觉五雷轰顶,但仍然瞒着她。韦彩明记得这名女孩很乐观,还想着要赶紧恢复好去谈恋爱,但三个月后癌细胞扩散到全身,她全身疼痛,特别是腹部胀痛到无以复加的地步,临终的时候腹部大得很夸张。虽然曾经有过丰富的做临终关怀的经验,但韦彩明还是为这名年轻女孩的逝去感到悲伤。韦彩明为她准备了寿衣,像家人一样给她梳头洗头,她最后能够做的事,只能是这样——维护死者的尊严。

微距二:死者家属也应在临终关怀范围内

人物:广西医科大学第一附属医院宁养院护士长张华萍

临终关怀服务经验:10年

观点:无论是死者还是家属,临终关怀的范围都应该关注到。

广西医科大学第一附属医院宁养院,是李嘉诚基金会捐资支持的为贫困癌症患者提供免费镇痛治疗、心理辅导、护理指导的临终关怀医疗机构。2001年该院成立时,张华萍就参与到了从事临终关怀服务的慈善事业中,10年来奔波于南宁及周围县市贫困的中晚期肿瘤病人之间,家访、陪患者及其家属聊天,为他们提供临终关怀服务。

张华萍说:"其实,我们并非在向他们提供服务,我们是在学习,学习临终的人对待死亡的看法,学习如何与人相处和沟通。"张华萍告诉记者,她曾为一位年仅20多岁的肿瘤患者张女士服务,照顾她的是她80多岁的婆婆。这让她觉得诧异。原来,张女士对婆家一直很好,一直是家中的支柱,而婆婆也十分喜欢张女士,打心眼里认为张女士甚至比自己的儿子都亲。儿媳得了肿瘤,婆婆心中竟然比任何人都难过,忍着内心的悲痛照顾得儿媳身上一个褥疮都没生过。但无论是张女士还是她的婆婆，两人都不知道，自己在对方心目中的地位有那么重要。

当生命即将走到尽头的时候，不要留下任何的遗憾。抱着这种想法，张华萍促成了张女士和婆婆互相的"心迹表白"，当两人都恍然大悟时，泪水流了下来。最终，张女士平静地撒手人寰。

每一个生命，活着的时候都应该生如夏花般灿烂，死后如秋叶般平静。这是张华萍理想中的人生状态。而临终关怀服务者如何能让死者平静？就是实现他们的愿望，不让他们有所遗憾。"我们应该互相沟通，特别是在情感上，爱恨都需要有一个了结。"

微距三：帮助他人治愈心中伤痕

人物：南宁市临终关怀服务社会义工冯玲倩

临终关怀服务经验：9年

观点：从事临终关怀服务的社会义工太少，而我们有太多的病患需要关注。

2001年，冯玲倩的母亲因癌症去世，伤痛长久地压抑在她的心中。2003年，在得知广西医科大学一附院宁养院招募临终关怀义工后，她义无反顾地报了名。

"我很理解肿瘤患者的心理，他们临死前，对人都有不信任感，越是家人越不信任。当年我的母亲就是这样。"冯玲倩说。因为肿瘤患者在临死前的日子会很痛，所以当他们难以忍受的时候，就可能会产生家人害他们的念头。曾经，冯玲倩服务过一位50多岁的梁阿姨，她的家庭比较贫困，女儿在外地读大学。为了供女儿读书，梁阿姨的爱人天天在外打工，每天把稀饭煮好放在床头便早出晚归。一般情况下，梁阿姨只要伸个手就可以够得着吃的。但因为病情恶化，梁阿姨的眼睛渐渐看不见东西，冯玲倩每次去看望她，都发现她打翻了饭菜，只得又重新下厨给她做饭，喂她吃东西。梁阿姨就深深地怀疑，她全身越来越疼痛的原因是她爱人在饭菜里下毒，还曾让冯玲倩拿饭菜去化验。

看到这个情景，冯玲倩心中深感凄凉，她便耐心地向梁阿姨解释，饭菜中没有毒，疼痛只是因为她得的这种病。她知道，梁阿姨心中的幸福全部来源于她的女儿，于是便常常给她读女儿的来信。梁阿姨临终的时候，怕影响女儿考试，希望等女儿考完试后再跟她说自己去世的消息。最终，这位疼爱自己女儿的母亲就这样与女儿永别。

冯玲倩说，她愿意用一生的时间从事临终关怀工作，尽可能地帮助他人治愈伤痛。"我常常带自己的儿子一起去做临终关怀，我告诉他不能表露出对病患的不尊重。如今，儿子经常帮助别人，而我的弟弟也成了义工。"冯玲倩说，"但从事临终关怀服务的社会义工太少，我希望有更多的人加入进来。"

长镜头：南宁的临终关怀仍在发展

人物：广西医科大学第一附属医院宁养院主任钟进才、解放军三〇三医院肿瘤／放疗中心护士长覃春莲

观点：我们希望南宁能有更多的临终关怀慈善机构出现。

"在国人传统的观念中，死亡总是叫人忌讳的，所以从事临终关怀的工作人员，从前常常被人戴着有色眼镜来看待。"广西医科大学第一附属医院宁养院主任钟进才对记者说。因此，临终关怀机构自从1988年在天津市出现后，一直过了10年，才开始在全国范围发展起来。2001年，由李嘉诚基金会捐资支持的为贫困癌症患者提供免费镇痛治疗、心理辅导、护理指导的临终关怀医疗机构才在南宁落成，才标志着南宁真正有了临终关怀慈善机构。"李嘉诚先生还专门为这个领域起了个宁静的名字——宁养院，意即肿瘤患者都应得到宁养，所以我们也称临终关怀服务为宁养服务。"

钟进才解释，宁养服务的第一个特点就是认为人的生命是一个完整的过程，死亡也是生命的过程之一；另一个特点就是提倡全面的照顾，提高临终病人的生活质量。但是，宁养服务至今在南宁，甚至是我国的发展都刚刚起步，以广西医科大学第一附属医院宁养院为例，目前只有6名医务人员和登记在册的150名义工，再加上资金也有限，能够服务到的对象十分有限，所以对服务对象的条件限制也比较严格。

解放军三〇三医院肿瘤／放疗中心护士长覃春莲也表示，目前在医院临终的病患多为老年患者，医务人员能够提供的临终关怀服务也有限，临终关怀机构的普及还需要时间。

"10年前，南宁市民对宁养服务还心有忌惮，10年后的今天，市民们已能接受这一概念，但我们仍然需要更多的社会团体和热心人士关注这个领域。"钟进才和覃春莲均表示。

（原载《当代生活报》2011年6月24日第20版，标题有改动。作者：玉颖）

【记者手记】

曾经，因为采访的原因，在南宁市一家养老院接触到了一位护士。当时，她正在护理一位因病瘫痪，意识已经模糊，即将临终的病人，而这位病人的家属远在外地。当时，我的第一反应是，这位老人可能被家人"放弃治疗"了，但看到这位护士仍然很仔细地照顾这位病人，我的好奇心胜过了质疑心。

我问她，为什么要这样做呢？她回答，这是一种临终关怀服务，作为医护人员，应该尊重每一位临终者的生命权利，无论是身体还是灵魂，都应该受到人道的对待。每个人都应该生如夏花般灿烂，死如秋叶般平静。

原来，她在香港受过临终关怀服务训练，当时，香港当地对临终关怀服务的重视深深触动了她。广西南宁一位普通的护士，心里从此有了尊重临终者的自觉与行动。

这就是我采写临终关怀服务者群体的初衷。这位护士，正是文章里的第一位志愿者韦彩明。

经过一番了解，我得知在南宁还有一群默默做着临终关怀服务的志愿者和医护人员。这些人和死亡靠得很近，看到过最狰狞的死亡、最平静的死亡以及最纠结的死亡，在生命的夕阳中，他们以人道的耐心和勇气面对素不相识的临终者的最后一丝生命微光，并尽力使这束微光以常态逝去，这让我深深感动。

这种感动，除了他们提供的服务本身，还有发生在他们身上的故事。

作为临终关怀服务者本身，他们有自己的黑色心结，有对生命和死亡的理解，有对临终关怀事业种种微小的期望。每个人都是一根单独的丝线，有自己独特的纹理和色彩，却因为临终关怀服务，交织成了一幅无私奉献的锦缎。因此，我决定呈现他们本身的经历片段，通过这些片段，连接出整个南宁临终关怀服务者群体的模样。

后来，这篇新闻报道让南宁临终关怀服务者群体获得了首届"广西公民楷模"的提名奖。在上台领奖的时候，这些代表们脸上的笑容无比纯真灿烂——他们曾经无人关注，因为无人关注所以专注，因为专注所以一直坚持住，而一颗善良的心，要永远保持面对黑色死亡时候的炽热与火红，只有他们才知道是如何艰难，无论是哪位记者的哪支笔都无法书写。

（作者：玉颖）

知心大姐
张卫芳

张卫芳用脚打字与残疾朋友网聊

身份：残联协管员

主要事迹：由于先天双手残疾，张卫芳看上去与常人不一样。但她有一颗善良温暖的心——建心理援助QQ群，免费为残疾人进行心理疏导；连续6年为街头流浪汉送御寒衣物；用脚作画，并将这一本领教给其他残疾人……她说，她想通过自己的力量，为残疾人做更多的事。

【报道代表作】

她用爱心代替双手驱走寒冷

她把头贴着桌上的手机接电话；用脚趾在笔记本电脑上敲键盘；用脚写字画画，说起话来"脚"舞足蹈……由于先天双手残疾，张卫芳看上去与常人不一样。但她的爱心和善举，却达到了常人难以企及的高度——免费为残疾人进行心理疏导；连续6年为街头流浪汉送御寒衣物；用脚作画，并将这一本领教给其他残疾人……她有一颗善良温暖的心。

做残疾人的"知心人"

3月11日，记者来到张卫芳的家里，只见她坐在床上，面前摆着一台手提电脑，双脚"噼里啪啦"敲着键盘，和心理援助群里的残疾人聊天。

"聊天"，就是张卫芳的工作。她是南宁市兴宁区残联的一名协管员，负责为残疾人进行心理疏导。她考取了国家二级心理咨询师资格，还建了一个心理援助的QQ群，形形色色的残疾人向她倾诉生存的艰难、情感的困扰等，她总是尽力去帮他们减轻苦恼。

一天，一名下肢残疾的男青年找到张卫芳。他是某超市的一名营业员，总认为其他健全的营业员看不起他，不愿意和他做朋友，还总在背后含沙射影地骂他，他说："这份工作我不想干了。"张卫芳耐心地开导对方："是不是你多心了呢？也许你父母也用同样的方式和你讲话。其他同事做错了，也会被领导批评，被同事指责……"

经过张卫芳的几次开导，这名男青年渐渐地抱怨少了，笑容多了，辞掉工作的话再也不说了。有一天，张卫芳正在办公室忙碌，这名青年过来了，说："没什么事，就是想送你一个钥匙扣，不值钱的。"说完，他递给她一个钥匙扣，不好意思地笑笑，扭头就走。

这个钥匙扣，张卫芳一直带在身边。"虽然钥匙扣不值钱，但是他的这份情谊很难得，说明我帮到了他。"

寒夜送衣温暖流浪者

作为残疾人，张卫芳有一颗更加易感的心，总能关注到别人忽略的角落。2006年寒冬的一天，张卫芳走在路上，看见一个流浪汉在路边的垃圾桶里捡东西吃。她的心情久久不能平静。"我应该帮帮他们。"她动员自己的朋友们把家里闲置的旧衣物、旧棉被捐出来，送给这些流浪者御寒。

这个主意得到了朋友们的支持。这一年的腊月二十八晚上11时，20来个朋友带着旧衣物集合在一起。大家骑着摩托车、自行车，分头去桥墩边、僻静处寻找流浪者，将衣服送出去。

第一次送衣服，张卫芳最大的感受是害怕。流浪者晚上睡觉都很警觉，感觉到有人靠近，他们会马上弹起来，眼神里充满戒备。张卫芳战战兢兢地上前说："你好，我们是志愿者，想送点衣服给你保暖。"说完，看都不敢看对方一眼，转头撒腿就跑。可是，这一次的经历让她很难忘："给别人温暖，这种满足感不知道用什么语言来形容。"

如今，这一活动已经坚持了6年，参与的人越来越多。张卫芳说："这个活动我会坚持做下去，直到找不到参与的人，募捐不到旧衣服为止。"

有一次，张卫芳将衣服递给一名流浪汉，他摇摇头，说："我不要衣服，你陪我聊聊天吧。"这个人蓬头垢面，可张卫芳没有拒绝他，两人在凌晨时分坐在马路边上聊了起来。此事令张卫芳很感慨："原来流浪汉也需要精神上的关爱。"于是，她给队员们定下"规矩"："如果流浪者想和你聊天，不要拒绝，也不需要开解他们，听他们说话，陪陪他们就好。"

还有一次，她将一叠衣物放在一个流浪汉手中，对方不敢置信，接过衣物什么话都说不出来。张卫芳回到车上继续往前走，透过后窗看去，这名流浪汉还怔怔地站在原地，望着车子离去的方向。

这一幕，刻在了张卫芳的脑海里，她说："他们是世界上更容易被遗忘的人，希望能有更多的人来关注他们。"

勤学画艺激励他人

张卫芳还有一项令人刮目相看的本领——绘画。

高中毕业后，张卫芳来到南宁市残疾人职业技能学校，向一名老师学画画。才学习大半年，她的一幅画作就获得了浙江省"鸿运杯"中国书画大赛三等奖；第二年，另一幅画作又获得山东省首届中国书法美术家艺术精品展金奖。看到她房间挂着的一幅工笔画，你怎么也想象不出，这是一名残疾姑娘用脚画出来的。

一天，绘画老师让她去教两名残疾妇女学画。原来，这两名残疾妇女都是重残人士，家人希望她们能通过绘画排解苦闷，可她们怎么也不相信能学好画画。当张卫芳在她们面前铺开纸笔，用脚画出一幅画的时候，两个人服了："小姑娘用脚都能画那么好，我们双手健全，难道学不好？"现在，其中一名残疾妇女已经学有所成，在广州一家福利机构教残疾人绘画。

和张卫芳一起学习绘画的还有两名智障儿童，老师希望张卫芳能教他们一点算术知识。但说起来容易做起来难，因为智障儿童很"认生"，根本不搭理不熟悉的人。张卫芳花了九牛二虎之力，才教会他们一些简单的加减乘除，赢得了他们的信赖。七八年后，其中一个智障儿童来到兴宁区残联，对张卫芳说："我认得你，你是我的老师。"

张卫芳经常去做公益讲座，教志愿者们与残疾人的相处之道，免费为残疾人进行心理疏导，组织爱心人士慰问残疾人……虽然忙得像个陀螺一样，可她很开心："我想通过自己的力量，为残疾人做更多的事。"

（原载《南国早报》2011年3月13日第6版，作者：唐湘屏、秦桂媛、李雨琪）

【记者手记】

一个人能产生多大的能量，能付出多大的温暖？张卫芳让我刮目相看。

由于天生残疾，双臂萎缩无力，她成了一个折翼的天使。可是，她没有自怨自艾，一直生活在家人的庇佑和他人的同情中，反而靠着一双脚，走出了常人难以走出的路。

考取国家二级心理咨询师资格，建立QQ群对残疾人进行心理援助；学习绘画屡屡获奖，还把这一本领教给其他残疾人；发起捐旧衣送给流浪者御寒的爱心活动，并坚持多年……说老实话，就算作为一个健全人，我也自认难以做到这些。不在于我没有这样的能力和天分，而在于能不能发掘自己的潜能，并持之以恒。

有一句话是这样说的：上帝关上了一道门，必定会为你开一扇窗。而其实在生活中，生活的大门为一些人敞开，他们却未必愿意勇敢走出去拥抱阳光，反而躲在一边碌碌无为、怨天尤人；往往是那些只有一扇窗的人，分外珍惜窗口透进的光亮，他们使劲汲取，使劲生长，终于将头和身体探出窗外，沐浴生活的暖阳。

我原本以为，张卫芳就是后者。她身残志坚，最终战胜世俗和偏见，战胜命运的不公，赢得了生活的馈赠。

可是，我错了。

张卫芳对我说："我从来不认为我和其他人有什么不同。"原来，我们认为生活对她不公，给予她的同情和怜悯，都是自己在一厢情愿。双手残疾，根本没有成为她内心的阻碍。这样的人，同时拥有生活的大门和窗口，怎么会不成功，怎么会不快乐？

(作者：唐湘屏、秦桂媛)

无私育人者
班爱花

班爱花在课堂上辅导孩子

身份：大化瑶族自治县某教学点教师

主要事迹：河池大化龙马村因为有了瑶族女子班爱花而变得不同。2001年，班爱花发现那里有孩子没书读，便办了教学点。上学不收费，还管吃管住。班爱花除了上课，还租田种地、养猪养鸡、卖土特产，以此养活孩子们。

【报道代表作】

80个孩子的干妈妈

2011年12月30日上午,在河池大化龙马村孤儿教学点,班爱花的电动车刚到村口,眼尖的孩子们就呼啦啦地跑出来迎接。他们从班爱花手里接过庆祝元旦用的水果、糖饼和瓜子等,表情就像自己的亲人回家一样自然。是的,对于这群孩子来说,班爱花就是他们的妈妈。因为有了她,80个孩子才有了一个温暖的家和一个可以学习的地方。孩子们都叫她"干妈妈"。

哪家有孤儿,收来当学生

目前班爱花有80个孩子,年龄在4—15岁,其中有10多个是她在贩卖土特产的途中收留的。说到这个大家庭,还得从2001年说起。

那年4月,远嫁到江西20余年的班爱花因父亲生病回到大化探亲,期间看到这里不少适龄孩子不去上学。她一打听才知道,大化是大石山区,人多地少,主要劳动力只有在石场以打石头为生。这是一项危险的工作,一些人因此失去生命,孩子就成了孤儿。

8月中旬,料理完父亲的后事,班爱花准备回江西了,她想留下一些钱资助孩子们上学,但家长的回答是:"送到学校后他们也会回来的,除非你留下来教他们。"她心一横,决定留下来不走了,将孩子们集中起来,自己当老师。没有教室,村里的韦珍珠拿出了自己的屋子。教学点一下来了56个孩子。

为了解决孩子们的生活费用问题,班爱花当起了小商贩,她一边贩卖土特产,一边收留孤儿。2007年8月的一天,班爱花到贡川乡弄勒村塘母屯收购黑豆时,看到12岁的孤儿廖仁福跟着80多岁的奶奶生活,因长期营养不良,他的小脸尖尖的,因无人照料,他的头发长得跟女孩的一样长。

班爱花立即将他带到了孤儿学校,上了三年的课。2011年廖仁福到广东打工,与班爱花在QQ上聊天时说:"谢谢您将我带出大山抚养,叫您一声妈妈可以吗?"

11年来,她这样领回来的孩子有十多个。

为了生活费,样样活都干

班爱花从 2001 年至今共养活 45 名孤儿,先后让 160 名儿童有书读,数十个单亲儿童也来到这个教学点寻找温暖。这么多的人靠什么生活?她做商贩、打零工,种田种地、养猪养鸡,只要能赚钱,她什么苦活都做。

每年暑假 7—9 月正好是当地玉米收购的季节,班爱花挨家挨户去收购。这家几百公斤、那家几百公斤,收满一车后赶紧拉到县城去卖,每公斤赚四分钱,一车能赚 200 元左右。每天凌晨出发,下午回来。

寒假短也没有什么东西可以贩卖的,她就到县城帮一家服装店卖衣服,每天有 30 元的收入。双休日就给朋友缝围裙、袖套,一天也有二三十元的收入。

2011 年 12 月 30 日,记者在孤儿教学点"参观"班爱花的田地和养猪场。地里种着萝卜、蒜苗等当季蔬菜,12 头黑毛土猪正在猪栏里睡得香,3 只鹅和 40 多只鸡在村边悠闲地散着步。

班爱花的辛勤劳动和精打细算,保证了孩子们每天能吃上米饭和一点点肉。"现在好多了,有不少爱心人士前来捐赠,如今基本能保证孩子们的食物和营养。"

班爱花为了孩子们不停地奔波劳碌,身体大大地透支。她患有肾结石,肾已化脓。医生告诉她,需要将肾切掉才行,但这需花费一大笔钱。她拒绝了医生的建议,现在靠吃中药维持。

亲自当老师,"土办法"教学

最初收到的 56 个孩子,年龄在 7—12 岁之间。班爱花自掏腰包请了一名老师,但她也必须亲自在一线教书。她虽然只有高中毕业,但当过一段时间的代课老师,如何教这些"一张白纸"的孩子,她摸索出了自己的一套"土办法"。

最初,1—4 年级的孩子都在一间教室,教生字、汉语拼音时,四个年级的孩子一起学。上语文课时,一个年级上课,其他年级写作业,然后轮流上;朗读课文时,四个年级轮流读。

既然是大山的孩子,班爱花就充分利用这一优势上课。天气好的时候,她就带着孩子到山上去认知大自然，回来让孩子写作文。山上有不少芦苇，将芦苇折断，一节一节地摆在桌子上，比数字的大小，练习加减法。这种方式很直观，孩子比较容易理解，数学就这样教成了。山里的孩子也喜欢玩泥巴，就教他们捏成块，拿掉多少，还剩多少——泥巴也成了班爱花的教学工具。

近年来，班爱花的行为引起了社会广泛关注。一位爱心人士拿出一笔钱，为孩子们建了一栋两层的楼房，孩子们有了读书和住宿的地方，条件得到极大改善。该教学点也得到当地教育部门的认可。班爱花请了5名老师专门上课，其中一个曾是班爱花的学生，为"班妈妈"的精神感动，从这里出去读书后主动要求回来帮忙的。

德育加文体，一样也不少

在2011年12月30日的元旦庆祝活动中，孩子们表演了《让世界充满爱》《阿里山的姑娘》《聪明的阿凡提》等二十多个节目。村民是观众，也是伴奏。

虽然只是一个教学点，班爱花一点也不含糊，德育、体育、书画、娱乐样样都教。猪、鸡、鸭、树等，都是孩子学画画最好的素材，课余时间她还教孩子们唱歌。大化医院一位护工经常利用节假日来教孩子们跳舞。

与城里的孩子相比，这里的孩子每天都要劳动。课余时间给蔬菜浇水、喂猪、喂鸡，几个大点的孩子甚至能协助大人杀猪——刮毛、清理内脏等。

班爱花更注重跟孩子沟通和对孩子德育的培养。有个孤儿刚来时有小偷小摸的坏习惯。一次班爱花让他锁门，他却将班爱花枕头下的20多元零钱拿走了。班爱花知道后不动声色地说："老师的钱被老鼠拖走了，大家帮我找找看。"这个孩子知道错了，将剩余的14元钱退了回来。

孤儿吴江山不仅患有严重的哮喘病，还有些自闭倾向，平时喜欢一个人独处，坐在水塘边、山坡上。班爱花经常到处去寻找。同时，她还经常提醒老师多提问吴江山，树立他的自信。现在吴江山的情况有所好转，见了人也知道打招呼了。

班爱花说："这些孩子从小缺少家庭的爱，很容易出现心理问题，我们不但教他们知识，还要给予他们更多的关心，才能让他们的身心都能得到健康成长。"

(原载《南国早报》2012年1月16日第3版，作者：唐正芳)

【记者手记】

上课时间学习，放学之后劳动，平时大家是兄弟姐妹互相照顾……这是一个教学点的基本情况。一个已嫁到外乡的高中毕业生，在一次回家探亲中发现孩子即将面临失学，义无反顾地留下来组成了一个温暖的大家庭，并成了这个大家庭的家长。

一个正规学校在办学过程中尚会遇到这样或那样的困难，一个没有任何资格的"野马"教学点，遇到的难题可想而知。正规学校有依靠，他们会找到上级部门——教育局解决。"野马"教学点呢？我在采访时看到了一个农家妇女的勇气、智慧和她所付出的心血。

没有教学经费，她当起了小贩，到大山深处的村子里收来土特产，再拉到县城去卖；孩子们缺少营养，她就带着大家养猪、养鸡、种菜；没有老师，只有高中学历的她，艰难地啃起了课本。

在这里，唯有生源是不成问题的。在山区大化，不少农村群众靠山吃山，在打石场做工，这是很危险的事，不少人因此受伤甚至失掉性命。男方一旦过世，女方便离家远嫁，孩子就成了孤儿。班爱花在收购土特产的过程中，发现孤儿便收留过来，教他们学习，供他们生活，使得这个家庭日益壮大。

前几年教育部门撤并教学点，班爱花成了有争议的人物。但她在当地群众心中始终是最重要的人，是无法离开的人。因为撤掉这个教学点以后，当地及附近的孩子上学路途太远，而那些孤儿就意味着要失学。

班爱花也因争议渐渐成为知名人物，她的事在社会上受到关注，各界爱心人士送来资金，在当地盖起了一栋二层的教学楼，送来物资让孩子们吃饱穿暖，孩子们的学习用具、娱乐设施也日益完善。

班爱花因为执着和坚持，为当地群众送去福气，成为当地群众心中的好人。

一个人，只要心里装着百姓，为群众解难题，为社会做好事，不管经历多少磨砺，不管受到什么样的非议，终究会得到社会的认可。

（作者：唐正芳）

鱼水情深的典范
15 名救人农民

曾参与营救的部分当事人与飞行员进行视频通话

身份：农民

主要事迹：2011 年 4 月 13 日，广空航空兵某团组织飞行训练时，在河池宜州市福龙瑶族乡与来宾市忻城县交界处遭遇特情，飞行员跳伞，身受重伤。生死关头，兰绍金、梁忠实等 15 名村民不计个人得失和安危，成功挽救了飞行员的生命。2012 年，第十一届"全国见义勇为英雄模范"评选中，兰绍金等抢救飞行员群体入围候选人。

【报道代表作】

"生命接力"鱼水情

"飞行员兄弟,你现在好吗?"4月13日以来,广西农民兰绍金、梁忠实等人一直在惦念。

在河池、来宾、柳州,在八桂大地……受伤飞行员牵动了无数人的心。

6月2日,忻城,50个日日夜夜的牵挂,相见一笑解愁思。兰绍金、梁忠实等参加营救飞行员的群众代表通过网络视频,与正在北京空军总医院治疗的飞行员徐守太再次相见,共叙别后情怀。

两千余公里,隔不断军民的鱼水深情。

时间回到4月13日,那一场桂中大地上的生命接力仍历历在目。

广空航空兵某团飞行员徐守太在训练时突遇特情跳伞,身负重伤。当地数百名群众自发营救,各级党委、政府全力以赴,展开一场历经3个市、紧急转运200多公里的生命大营救,谱写了一曲新时期军政军民团结一家亲的壮丽凯歌。

"兄弟,你莫怕,我是好人,我是来救你的"

4月13日16时40分,一阵低沉刺耳的飞机呼啸声,打破了河池宜州市福龙瑶族乡与来宾市忻城县城关镇交界处弄同山的宁静,一面降落伞落在山腰上。

"不好,出事了。"宜州市福龙乡弄桑村龙晓屯农民兰绍金与正在山上看木材的忻城县马泗乡村民潘尚财、潘文顺发现情况后,撒腿就往山上飞奔。他们迅速分成两路,朝飞行员可能坠落的地方跑去。

与此同时,忻城县城关镇思耕村上思屯农民梁忠实也往山上边跑边喊:"飞行员,你在哪里?"

正在割草的兰彩植,叫上丈夫蓝恒华、女儿兰柏,一家三口向山上飞奔。

没有任何命令，没有任何动员，几乎同一时刻，村民兰正八、潘尚财、潘文顺、梁元福、梁元森、蓝金辉、潘美开、莫练陶、蓝甫、莫贤美等一起向山上飞奔。

目标只有一个——找到飞行员！

一路荆棘密布，挡不住迫切心情。平时要走30分钟的3公里山路，兰绍金用15分钟就赶到了，他还嫌自己慢了："穿的解放鞋有点破，要不跑得还要快。"进入一个小松林，听到痛苦的呻吟声。"还活着！"兰绍金狂喜。循声而去，发现飞行员躺在乱石堆上，脸上流血不止。

兰绍金用生硬的普通话说道："兄弟，你莫怕，我是好人，我是来救你的。"飞行员听后点点头。兰绍金走过去解开降落伞，发现飞行员的右额和下颌有伤口，还在流血，他的胸口淤黑一片，不能动弹。识得草药的兰绍金立即采来大叶紫苏，用柴刀柄在石头上捣碎，贴敷在飞行员伤口上。

梁忠实立刻向110、120报警。弄桑村的村支书韦相华接到村民报告后，立即向福龙乡党委、政府汇报情况请求支援。

危急当前，关键是怎样把飞行员安全送下山。兰绍金和梁忠实等村民砍下两棵碗口般大小的松树，割下伞绳，垫上伞衣，做成一个两米长、半米宽的简易担架。细心的梁忠实又不放心："我上去坐坐，你们摇摇看结实不结实。"

时间就是生命。15位村民分工合作：3名妇女拿着柴刀在前方开路，8个汉子轮流抬担架，其他4人扛着伞包殿后，开始了一场与时间赛跑、与死神竞速的征途。

降落地点距山脚垂直高度达300多米，羊肠小道山石林立、狭窄陡峭、荆棘丛生，村民们手托肩扛、越沟过坎……30多分钟后，终于艰难地把担架抬到山脚下。此时，很多人的衣服、身上都被荆棘划破了。

前来营救的领导、干警和医护人员恰好赶到，医护人员立即给伤员做简单处理并输液。各路救援人员会合在一起，连同从周边陆续赶来的40多名群众，接力抬着担架往救护车停靠的位置跑去。有的抬担架，有的帮护士拿输液瓶。没有号令，也不用提醒，谁累了马上就有人主动替换。一位年逾七旬的村民看到后十分感慨：仿佛当年人民群众支援解放军打仗的情景。

19时左右，伤员顺利地被送上了救护车。

"立即启动应急预案，不惜一切代价救助飞行员"

村民们不是自己在战斗。几乎同时，地方党委、政府的联合营救行动在瞬间展开。

自治区党委书记、自治区人大常委会主任郭声琨,自治区主席马飚等接报后,第一时间作出重要批示,要求当地党委、政府拿出最大的力量,带着最深的感情,立即启动应急预案,不惜一切代价救助飞行员。柳州、河池、来宾三市的负责同志接到电话指示后,迅速行动起来,全力以赴参与营救。

生命就是命令。来宾市忻城县不到三十分钟就动员完毕,锁定一个目标:"决不能因抢救失误出现任何问题!"

17时35分,忻城县人民医院的救护车载着医务人员,风驰电掣般急驶而去。

17时40分,城关镇第一批12人救援队伍赶到现场。

18时左右,忻城县80多名公安干警、武警、消防人员抵达现场。

所有人都围绕一个目标:把受伤飞行员救过来!

群众和地方对军队的爱,铺就了一条救援的"绿色通道"——

救护车在思耕村上坡时路面打滑,司机刘树华招呼:"帮帮忙,我们要去救受伤飞行员。"20多名群众蜂拥而上,硬是把车推了上去。

思耕村下屯党员莫益祥把自己的车开下路边,给救援队伍和车辆让路。

救护车返回医院时,为减轻伤员的痛苦,尽量控制车速,减少车子颠簸。13.7公里的路程,走了90分钟。

在救护车上,忻城县检察院纪检组长钟卫革始终牢牢抱着飞行员的双腿,以更好地稳住他的身体。

20时30分,救护车赶到忻城县人民医院。这里,外科、内科、胸科等科室主任早已在各自岗位待命,CT机、B超都已开机预热……

第一时间发现、抬下山、上救护车、医院抢救,每个环节都没有一刻耽搁。有效的组织、指挥、救援,让这场生命接力实现了"零时差"的"无缝对接",为生命垂危的飞行员编织了一张严密的生命守护网。

"抽调最好的专家,集中最好的设备,腾出最好的病房救治子弟兵"

飞行员伤情很重。经过紧急会诊,决定把徐守太转到医疗条件更好的柳州市人民医院。

又是一场救治大接力。23时45分,救护车向170公里外的柳州市人民医院飞驰。沿途的宜州市福龙乡卫生院、宜州市人民医院都做好抢救准备，应对有可能出现的意外情况。

接到命令不到20分钟，柳州市人民医院院长李宁宁就集中了40余名医务人员，嘱咐大家："要抽调最好的专家，集中最好的设备，腾出最好的病房救治子弟兵。"

14日凌晨2时，徐守太被送达柳州市人民医院。颅脑、心胸、脊髓、肝胆、肠胃、泌尿和创伤7个外科主任迅速对病情进行检查和分析，并做出正确诊断，制定周密治疗计划。

历经3个多小时，手术成功了，飞行员转危为安！

爱心在病房中传递。从入院到4月28日转到北京空军总医院，柳州市人民医院的医务人员给了徐守太胜似亲人的悉心照料。

5月12日，第100个护士节，重症医学科护士长刘远金收到徐守太的短信："我赞美你们纯洁的心灵、高尚的情操、善良的微笑、无私的奉献。"这是子弟兵对所有救援人员的赞扬和谢意。

一段跨越广西三市的生命接力，演绎了一段鱼水深情，奏响了一曲新时期军爱民、民拥军的激扬乐章。

5月18日，空军部队副政委王晓龙中将一行专程赴桂，代表空军向参与营救受伤飞行员的政府部门、医疗机构和人民群众表示慰问和感谢。5月23日，自治区党委书记、自治区人大常委会主任郭声琨到宜州看望、慰问有功人员，盛赞他们是活生生、典型的双拥模范、双拥标兵，凸显了新时代广西革命老区的鱼水深情。空军司令员许其亮、政委邓昌友专门作出批示，要求全空军部队以此为生动教材，广泛开展"向人民群众学习，当好人民子弟兵"活动，把地方党委、政府和人民群众对部队的深情厚意转化为建设部队、履行使命的强大动力。

（原载《广西日报》2011年6月8日第1版、第2版，作者：韦鹏雁、罗侠）

【记者手记】

两年半了，突然要写采访手记，有些无从下手——记忆模糊了，采访笔记找不到了，只能从网上搜出当时写的文章。

重读一遍，15个农民的形象也模糊了。最触动心灵的，还是兰彩植的那句话："我当他是我仔，在这荒郊野岭受伤，家里人还不知道他在哪呢，太可怜了，我要救他！"

我一直坚信，在那个庞大的采访团里，我采访到的这句话最质朴、最体现人性、最让人感动。我也一直认为，那天受伤的无论是什么人，是飞行员或素不相识的普通人，村民们都会毫不犹豫地冲上去救助，那种现在网络频现的视而不见，甚至趁火打劫的场景都不会出现。

当时，采访团从宜州市出发，半路换乘越野车驶进弄桑，爬上一个个近乎垂直的山坡，跳过无数个四五十厘米深的水沟，环境之恶劣让人震惊。经验告诉我，这些地方的人最质朴。于是我想到了切入点：写他们最原始的想法。

见到15个农民时，他们长满茧子的手、洗得泛白的衣服、蹩脚的普通话，都验证我之前的猜想——这是一群朴实的农民。我没有问他们什么时候接受了爱国主义教育，每年进行几次急救培训，遇到紧急情况如何向上级汇报。我只问了他们每个人同样一个问题："为什么要去救人？"他们也回答不出什么，只是说："那是个人啊，怎么能不去救？"

是啊，那是个人啊，怎么能不去救？想起屡见报端的"老人摔倒没人扶"等报道，这句话多么让人感动。我一直坚信，那时的他们没有什么特别高尚的想法，他们只是在救人，而这却是最美、最感人的。

(作者：韦鹏雁)

2013 年
广西公民楷模新闻人物

生命禁区守望者 医护一线白求恩
禁区天使杜丽群

面对死神，你没有望而却步；生命禁区，你毅然勇敢前行。你带领着一群可敬可爱的白衣天使，用医者的仁心仁术，所救治的，不单单是生理上的疾病，更是敬畏生命、热爱生活的灵魂！

杜丽群在颁奖礼上

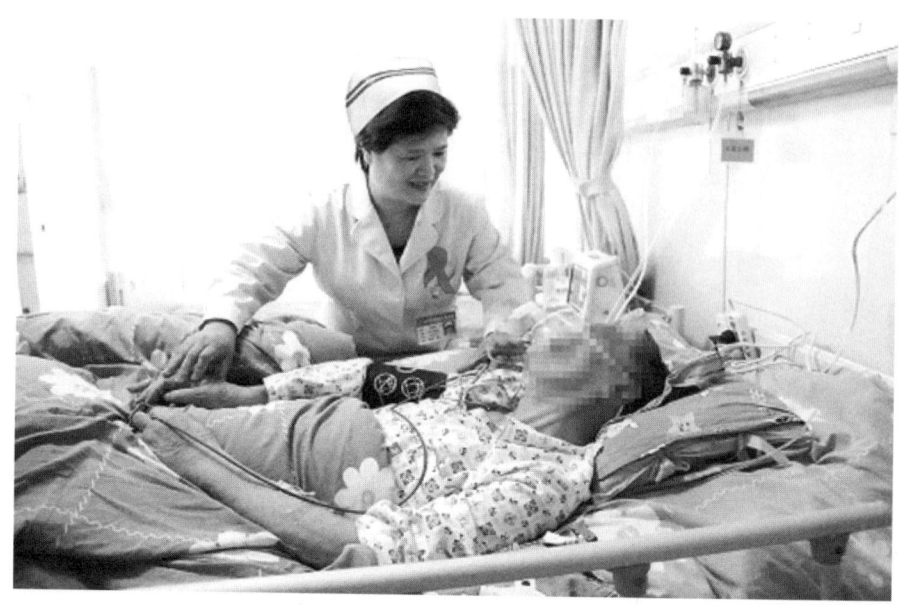

杜丽群始终把艾滋病患者当亲人一样对待

身份：护士长

主要事迹：南宁市第四人民医院艾滋病科护士长杜丽群从 2005 年开始，主动请缨带领一支年轻的医护团队，奋战在艾滋病临床护理第一线，把病人拉出人生绝境，修复了数千个破碎家庭。她是广西首个"白求恩奖章"获得者。

【报道代表作】

用大爱撑起生命禁区的一片蓝天
——记二〇一二年"白求恩奖章"获得者、南宁市第四人民医院护士长杜丽群

这是一个平凡的岗位：护士。

这更是一份高风险的工作：艾滋病医疗护理。

对很多人来说，这是一片生命的禁区，时刻充满生命危险的战场。

当人们对艾滋病心存恐惧，唯恐避之不及的时候，杜丽群主动请缨承担艾滋病科护理工作的重任，冒着随时都有可能被感染的风险，在艾滋病临床护理第一线工作了整整8年。

都说，女人能顶半边天。杜丽群用大爱坚守在抗艾第一线，在生命禁区撑起了一片蓝天。

她勇闯禁区为生命站岗

杜丽群是土生土长的南宁人。每次见到杜丽群，都有一种邻家大姐般的亲切感。但就是这位看似普通的大姐，却在8年前做出了一个勇敢的选择。

2002年，南宁市第四人民医院作为收治传染病的专科医院，筹备成立艾滋病科，号召全院的医护人员自愿报名承担新科室的医护工作。

"刚提出筹建艾滋病科时，医院不管医生还是护士，都没人敢接这个'烫手山芋'。"四医院党委书记兰江回忆，当时消息一出，响应者寥寥。那个年代，人们对艾滋病仍怀着恐惧心理，而且护士每天都要为病人抽血、扎针，职业暴露的风险更是其他科室的数倍之高。

这时候，杜丽群主动向医院提出愿意带队从事艾滋病护理。原因很简单："自己是党员，就应该头一个站出来。"有人问她："你到底图什么？"杜丽群淡淡地说："如果谁都不去，医院还怎么开科？"

于是，杜丽群开始订阅艾滋病护理杂志，上网了解更多艾滋病的相关知识，并多次到省外开设有艾滋病专科的医院进修学习，掌握艾滋病的护理技术。

2005年6月，医院艾滋病专科正式成立。在杜丽群的感召之下，先后有10名护士来到这个新组建的科室，同她并肩作战。科室成立后，杜丽群全身心地投入到艾滋病科室的建设当中。她参与病区的区域划分、物品准备、人员培训，制定和实施工作计划、制定护理常规、落实消毒隔离制度……在她的带领下，艾滋病科室工作管理机制日臻完善，步入正规化渠道。

她用爱为患者守护一份尊严

"小兰，你先下来好不好？""你的病还有希望！"……

2011年12月的一天晚上，一名女患者爬上天台想要轻生，护士们苦口婆心地把她劝了下来。但跪地痛哭、一心求死的女子让护士感到既揪心又担心。这位名叫小兰的女子年仅30岁，由于疾病发作，身心饱受煎熬。

当时，杜丽群刚刚下班回到家，接到电话后立马又赶回了病房。杜丽群搀起小兰，边轻轻地帮她按摩，边跟她说："你老公前几天才带着儿子来看你。你儿子那么可爱，这里的护士们都喜欢他。"看到小兰稍微平静下来，杜丽群又带着她来到窗边："你看，外面的风景多美，等你身体好了，一家人出去玩多好。"

没有说到生死，也没有任何一句大道理，杜丽群奇迹般地让小兰平静了下来，开始积极配合医生治疗……在几年时间里，杜丽群就这样劝回了3位轻生的患者，而她用善于观察的眼睛和有效的沟通方法，更让许多已经濒临绝望的患者重燃生命的希望。

"当时觉得，天都是黑的。"今年3月份才住进来的陈先生还记得，住院头三天，他昏迷了两次，是医生坚持不懈的抢救和护士无微不至的护理，把他从死神那拉了回来。"两周多的时间，吃喝拉撒都在病床上，家里没一个人理我。是这群可爱可敬的护士毫无怨言地每天帮我做全身清理，打针护理。"陈先生万分感慨。

"尤其是杜护士长，她一直鼓励我要活下去。"从此，陈先生明白了一个道理：每个人的生命都是有限的，他们更需要比别人在更有限的生命里做更多事，重新获得社会的尊重。

"我们需要救治的不单是他们生理上的疾病，还要挽救他们的心理，帮助他们融入社会正常生活。"8年来，杜丽群用自己独有的劝解方式和耐心感动了一个又一个患者、家属，让他们逐渐减少对艾滋病的恐惧。

"妻子患病后，一家人都不知道该怎么办。遇到杜丽群后，我们看到了希望。"4月17日，在四医院艾滋病科，患者家属黄先生的一番话，或许就是杜丽群给予患者最大信任感的真实写照。

她在抗艾战线撑起一片蓝天

"如今，艾滋病科由刚成立时的1个病区发展为4个病区，收治的病人也从刚成立时的200人增至3000多人。"4月18日，退休返聘的原艾滋病科护理部主任许萱荷早早地就来到科室内，与大伙商量筹备"杜丽群爱心家园"。医护人员们希望，全社会都来关注这个群体，动员更多的人参与志愿服务，帮助艾滋病感染群体回到同一片蓝天下。

"当时艾滋病护理在广西还是空白，只有我一个人在外地受过专业艾滋病护理培训。"回忆起当初科室刚成立的种种困难，杜丽群眼里已经没有了任何焦虑，但我们仍能从她的话语中读出其中的艰辛。

护理艾滋病人，护士们所面临的困难和压力，常人无法想象。2005年8月，艾滋病科收治了一位年逾七旬的病人。送进医院时病人全身上下严重溃烂流脓，不少医务人员被臭味熏得直作呕。杜丽群见状二话不说，穿上厚厚的隔离衣，俯身细心地一点一点为病人擦洗清理。那令人窒息的异味，杜丽群却浑然不觉。经过3个多小时的抢救，患者终于脱离了生命危险。

2008年的一天，护士小陆在给病人抽静脉血时，针口不慎刺中了自己左手食指，万幸的是小陆没有被感染。但这一事件让杜丽群寝食难安，一番冥思苦想之后，她创新技术使用了留置针，从而减少了艾滋病护理工作中的职业暴露风险。

为了保证对艾滋病人的护理质量，杜丽群率先在全院开展了"优质护理服务示范工程"活动，对护理工作进行了大刀阔斧的改革。改革开展一年多的时间里，科室便收到了患者感谢信、表扬信30多封，锦旗近10面。

在杜丽群的带领和影响下，医院里愿意投身到艾滋病患者护理服务工作的护士也越来越多，艾滋病科从最初不足10人的护理团队增加到现在的47人。

8年过去了，杜丽群和她的伙伴们不负众望：南宁市第四人民医院艾滋病科患者服药依从性达95%以上，死亡率低于4%，科室被授予"卫生部艾滋病临床培训基地"称号。杜丽群个人也先后获得"南宁市卫生系统优秀共产党员"、"自治区优秀护士"等光荣称号，2011年被评为"全区优秀共产党员"，2012年成为广西第一个获得全国"白求恩奖章"的医务工作者……南宁市第四人民医院已成为广西最重要的艾滋病防治医院之一，艾滋病科也从原来的"遮遮掩掩"变成了医院品牌科室、南宁市重点学科，为广西的艾滋病防控事业增添了强有力的保障。

（原载《广西日报》2013年5月8日第1版、第4版，作者：梁莹）

【记者手记】

在南宁市第四人民医院艾滋病科病区，有一个叫作"红丝带活动中心"的地方，面积不大却很温馨，四周墙上贴着医生护士和艾滋病人亲密相处的照片，每张照片背后都有一段动人的故事，而每张笑脸都是一个活生生的人。

第一次听杜丽群讲述这里的故事，是在2006年世界艾滋病日前夕。"不是为了钱，也不是为了名。我就想，岗位始终要人顶上去，我是党员，我不上谁上？"我记忆犹新的是杜丽群这句话。杜丽群坦言，她有过犹豫，毕竟那时候她已是医院结核科的护士长。而为了不让家人担心，在报道中我们给四医院和杜丽群均用了化名。

"有那么恐怖吗？"或许有人会问。没接触过这一行业，你就不知道做艾滋病治疗护理的医生护士需要承受多大的压力。

每天，她们接触的是形形色色的患者，有吸毒的，有各种职业的，还有已到末期身上遍布脓疮的；治疗护理中，她们要承担职业暴露风险，一滴血液、一个伤口的接触，不小心都可能被感染上艾滋病病毒……

那个年代，人们仍"谈艾色变"，谁要是知道某人有接触"艾滋病"，便可能从此不相往来。"为此，丈夫还说要分床睡。"这是杜丽群结婚后与丈夫吵的唯一一次架。

然而，医生们尽己所能去治疗、照顾病人，给予他们温暖。也正是如此，才成立6个月的艾滋病科便获得"先进科室"和"南宁医疗系统先进集体"称号。

时光如梭，2012年底，杜丽群获得"白求恩奖章"。

2013年5月下旬，我们再次深入南宁市四医院，对杜丽群先进事迹再次挖掘。

再见面时，杜丽群仍是一副笑容可掬的邻家大姐形象。在采访的那几天，穿过不再阴暗的病房，杜丽群给我们讲述了更多惊心动魄、感人至深的故事。

"那么多年来，感觉有什么变化？"我问。

"对艾滋病的偏见少了，理解多了，医生护士多了，收治病人也多了。"杜丽群解释，"这是因为大家对艾滋病有了解，患者敢来诊治了；而科室里诊治的外省患者有将近五分之一，他们看中的就是这里的'口碑'。"

当然，还有来自家庭的变化。"有一年情人节，我加班到深夜才回家。打开门，一束玫瑰、一盒巧克力就'亮'在眼前。"礼物是丈夫送的，主意是女儿出的。

"他以前从不懂浪漫。"这份礼物让杜丽群惊喜，让她欣慰，更让她多了坚守这份事业的信念。

家人理解、单位支持、社会认可，让这支防艾队伍越来越有干劲。在杜丽群和同事们的努力下，一批批病人出院了，勇敢地开始了新生活。不少病人身体恢复后，有的利用自身条件为其他病人提供就业机会，有的主动加入志愿者队伍，组织开展公益活动，宣传防艾，做自己力所能及的事回报社会。

你说，若不是心中那一份对生命的热爱，对事业的执着，对岗位的坚守，这群可敬可爱的白衣天使们如何能为这些生命绝境中的人们撑起一片蓝天？

（作者：梁莹）

激流突显桥兄弟 铁肩搭起救生梯
最美战士农本豪、谭忠能

  面对激流来袭,你们把自身安危置之度外。你们以年轻的肩膀,托起一座生命的桥梁。平日里,洪水、火场,有多少次出生入死,就有多少次不离不弃。战场亲兄弟,军民鱼水情。

农本豪、谭忠能(左)在颁奖礼上

农本豪、谭忠能（右）

身份：消防员

主要事迹：2012年8月18日，防城港市受到台风袭击，一辆载有26名乘客的大客车被2米多深的洪水淹没。在实施救援时，因现场没有固定支点，谭忠能、农本豪用脚踩住客车车门，把两节拉梯梯脚放置自己的肩膀上，架起一座通往岸边的生命之桥，经过1个小时的坚持奋战，成功将26名乘客安全转移上岸。

【报道代表作】

救人"桥兄弟" 最美消防员

提起"桥兄弟",着实有一段感人的故事。时间追溯到 2012 年 8 月 18 日,防城港市受到台风"启德"的袭击,突降大雨。当日凌晨 5 时许,一辆载有 26 名乘客的大客车行驶至防城港市防城区环城路时,被 2 米多深的洪水淹没。防城港消防支队接报后,立即出警赶往现场施救。谭忠能、农本豪两名战士冒着被洪水冲走的危险,携带 66 斤重的两节拉梯、救援保险绳、救生衣等工具,奋身跳入洪水中,泅渡到客车车门,准备实施救援。发现没有固定支点,谭忠能、农本豪迅速用脚踩住客车车门,用肩膀作为两个支撑点,把两节拉梯梯脚放置自己的肩膀上,迅速展开拉梯,梯头固定在岸边,架起一座通往岸边的生命之桥。两人在激流中相互鼓励、密切配合,经过 1 个小时的坚持奋战,成功将 26 名乘客安全转移上岸。

谭忠能、农本豪在生与死的考验中,毅然选择把生的希望让给群众,把死的危险留给自己,用实际行动诠释了时代先锋的忠实职业操守。

农本豪:有意义的人生才过得更精彩

农本豪出生在广西隆安县一个普通的农民家庭,他常说,有意义的人生才过得更精彩。在读小学和初中时,他经常利用课余时间和节假日帮助邻里乡亲挑水、割稻谷,做力所能及的事。

2011 年,农本豪高考失利,无缘迈进大学校门,当年 12 月他选择了参军入伍,成为一名消防战士。在新兵集训 3 个多月时间里,他刻苦训练,各项成绩全优。集训结束后,他被分到了防城港市消防支队特勤中队担任战斗员。面对种类繁多的救援装备,他积极参阅资料,并利用睡觉前或饭前等空余时间学习,很快做到了"五知一能"。他从不拈轻怕重,主动拖地、扫厕所,积极帮助战友解决问题和困难。一有机会,他就主动请假到福利院看望老人和小朋友,帮他们打扫卫生,陪老人聊家常,和小朋友讲故事,一起感受家的温暖。

入伍一年多来,他荣立二等功1次,获得嘉奖2次,被评为"优秀士兵"1次。

谭忠能:救人于"水火"是人生最大幸福

出生在云南永胜县一个普通农民家庭的谭忠能,从小父母就教导他做人要诚实,做事要踏实,要做一个对社会有用的人。

在他读高中的时候,有一次班里一个同学突发急性阑尾炎,没有车,路又不好走,老师和同学们都很着急。由于他个子比较高大,就主动背着这名同学走了近2公里的山路,把他送到医院,这名同学才脱离了危险。

2006年12月,谭忠能入伍来到防城港市成为一名消防战士,开始了他与水火搏斗、与时间赛跑的人生旅程。2009年11月4日,防城港市东兴大道两名下水道疏通工人不慎掉入深达3米的下水道中。面对着下水道毒气、臭气弥漫,各种污垢物让人恶心呕吐的环境,谭忠能戴着空气呼吸器在下水道中搜救。入伍以来,他先后参与灭火抢险救援400多次,成功从火场、高空、水中、井下等危难境地救出群众153人。几年来他荣立二等功1次、三等功2次,获得嘉奖12次,被评为"优秀士兵"4次。

如今,谭忠能、农本豪两名战士奋不顾身、舍己救人的事迹已在全国传开,目前他们已入围中央电视台"最美消防员"候选人。据悉,五四青年节前夕,共青团广西区委授予他俩"广西青年五四奖章"荣誉称号。

(原载《当代生活报》2013年5月5日第4版,内容有删改。作者:周政光、韦铁干)

【记者手记】

"桥兄弟"谭忠能和农本豪被评为"广西公民楷模"当之无愧,大灾面前,生命第一。

2012年8月,台风"启德"袭来。18日凌晨,一辆卧铺车上的26人在广西防城港市境内被洪水围困,谭忠能和农本豪站在洪水中用血肉之躯架起生命通道,让26名乘客从他们的肩膀走到了安全地带。19日《当代生活报》头版率先刊登了"桥兄弟"救人的视频截图:洪水围困中,两个肩膀托起一把救命梯。这一幕感动了无数人。

2013年5月3日,时隔将近一年,我来到了防城港公安消防支队,见到了这两位感动了成千上万人的"桥兄弟"。当我握住他们的手时,被感动得流泪了。谭忠能是"80后",农本豪是"90后",两个年轻的小伙子在人民群众生命受到威胁的时候挺身而出,不顾个人安危,从他们身上我看出了消防官兵真正为人民服务、传递正能量的精神。兄弟二人向我讲述了当时救人的过程,我怀着感动,写了半个版的《救人"桥兄弟" 最美消防员》。6月份,中央电视台举办"寻找最美消防员"大型公益活动,广西"桥兄弟"当选全国十佳"最美消防员"。9月份,"桥兄弟"荣获"广西公民楷模新闻人物"。

我从事新闻工作20多年,在采访生涯中,所遇到的各行各业人物很多,但"桥兄弟"的事迹,至今想起,心里仍感动不已。

(作者:周政光)

三代护疆家国事　廿载巡边哨兵魂
边防哨长陆兰军

一家三代，一世清贫，你是祖国边境线上的一名普通哨兵。国家大义，民族之魂，你守卫的是一位战士对党和人民的无限忠诚。

陆兰军在颁奖礼上

坚守祖国南大门的陆兰军

身份：防城港市防城区峒中镇尖峰岭哨所哨长

主要事迹：陆兰军一家三代坚守护疆33年，他自己就清贫坚守22年。边境巡逻路线长24.5公里，他1年行程2352公里，22年磨穿了100多双鞋底，而且毒蛇、蜈蚣、山蚂蟥是"常客"，蚊蚋如影随形，但他为了边境线上的安宁一直坚持着。

【报道代表作】

无悔的坚守
——记防城区峒中镇尖峰岭哨所哨长陆兰军

他,在这条约25公里蜿蜒崎岖的中越边境线上,整整走了22年,熟悉每一条溪流、每一块界碑。

他,一家三代清贫坚守护疆33年,西南边疆峒中"民兵之家"的故事在中越边境线上延续了33年……

他就是防城港市防城区峒中镇尖峰岭哨所哨长陆兰军。

一家三代33年坚守

1979年3月,尖峰岭哨所在边境轰鸣的炮声中成立,陆兰军父亲陆之方,从峒中镇尚义村民兵营副营长位置上,调任尖峰哨所第一任哨长。这一年,陆兰军13岁,看着父亲挎着钢枪的背影,"保家卫国"在陆兰军脑海里由模糊变得清晰。

3年后,刚从部队转业回来的二哥陆兰廷从父亲手中接过钢枪,成了尖峰岭哨所第二任哨长。这一干,就是14年。1996年3月,陆兰廷因部队工作需要调离尖峰哨所,这时,在围胆哨所当了6年民兵的陆兰军自告奋勇接替二哥位置。

就在同一年末,二哥陆兰廷带着16岁的儿子陆永兴来到哨所,对陆兰军说:"他高中毕业了,想跟别人去做边境贸易生意,我不同意,还是交给你,在这守边关,我放心。"就这样,侄子跟着叔叔,一起摸爬滚打、站岗放哨,继承着祖辈、父辈的职业——守护祖国南大门。

从1979年3月至今,陆家三代四口,3个哨长1个哨兵,坚守在这边境线上的高山哨所。

清贫护疆 22 载

坚守一个地方并不难,但要抵住种种诱惑长期清贫坚守却不易,而陆兰军,却清贫坚守 22 年。

1990 年,也是陆兰军初上哨所当民兵的头一年,正是峒中边境迎来大开放的年头。

昔日的边境战场,如今成了繁华贸易口岸。边境线上到处充满商机,当时水泥、陶瓷、啤酒、电风扇等,一过境就可以赚上一大笔钱。即使摆个茶水摊或帮老板看看货,一天也能赚上几百元。陆兰军的家就在边境线上,而在哨所干事,只能领着 105 元的月薪。

有人说他傻,钱送到面前也不要。2001 年,一个走私头目把装有上万元的信封扔到他面前。只要借用他国防民兵的身份为其开路,过关后重谢,但遭到陆兰军严厉斥退。10 年前,昔日的同学当了老板,邀请他去公司上班,许诺每月 2000 多元的待遇,他婉言谢绝了……赚钱的机会很多,但全被他挡回。

"其实,凭陆兰军的为人和脑子,当个年收入三四十万元的老板一点问题都没有。"陆兰军手下出去的一个民兵说。

"如果为了个人发财,我早就不当民兵了。既然当了民兵,就不去想做生意发家致富的事。"陆兰军经常这样对手下的民兵说,鼓励他们,要守得住清贫才能做好一个合格的哨所兵。

为了边境的安宁,陆兰军宁愿做这个"傻子"。

陆兰军不但要抵住诱惑,还要忍受哨所工作的艰辛和苦涩。哨所每年 10 月至次年 5 月几乎都是雨雾天气。夏季屋内气温在 40℃以上。毒蛇、蜈蚣、山蚂蟥是"常客",蚊蚋如影随形。边境巡逻路线长 24.5 公里,有 26 块界碑。界碑所立之处人迹罕至,陆兰军每个月要带领哨兵在这崎岖的山路上步行巡逻 4 次,每次往返 49 公里,每月行程 196 公里,1 年行程 2352 公里,22 年磨穿了 100 多双鞋底,行程 5 万多公里,可绕地球赤道 1 圈多。

22 年的清贫坚守,就是为了一个爱和一份责任。他爱这个家——国家、家乡和自己小家。爱国爱家,成了他一种割舍不了的情结,一种无法改变的习惯,这个习惯让他年复一年地忠诚坚守。

"死后,请把我埋在尖峰岭"

尽管家离哨所不到 5 公里,但 22 年来,他在家里住的时间总共才 20 个月,平均一年不到一个月。

"只有在哨所住才感觉到边境的安宁，心里才踏实。"他经常对家里人说。由于很少回家，陆兰军每次巡逻路过家门口，年幼的儿子都会跑出来，抱住他哭喊着不让他走。儿子哭得撕心裂肺，为的是让父亲停下来多陪自己一会儿。陆兰军何尝不想？可是孰重孰轻，他心里非常清楚，每次他都咬咬牙，甩开儿子，继续前行。

结婚十三四年，陆兰军要让妻子过上好日子的承诺一个都没有实现。陆兰军家里只有一亩田、四亩松林，有一女一子和干农活的妻子，就靠割松脂和他每个月1000多元的收入生活。

2010年5月，陆兰军家的松脂被偷了50多公斤，价值1000余元。妻子给他打电话时，他正在巡逻，半个月后才回家。面对妻子的数落，陆兰军一言不发，只感到十分内疚和无奈。扛着钢枪，守得住边防，却无法守住自己的几亩山林。

对于家里用钱，他很"抠"，从未帮妻子或儿子添件漂亮的衣服，总是说有得穿就行。而对于哨所用钱，哪怕是借钱，也要垫上。他任哨长当年，哨所最基本的水电都无法正常供应。他自己掏钱买了12张办公椅、4张办公桌，买了600多米的水管和相关材料，给哨所引来了自来水。接着，又掏钱买了一台1000瓦的微型发电机，搞"小水电"，电线由镇武装部提供，陆兰军带领全所民兵拉线。那两年，他一个月才250元的工资。直到2001年，农网改造后，哨所才用上"大电"。

2008年9月25日，一场大雨导致山体滑坡，巨大的泥石流摧毁了旧营房。在重建营房时，路只通到营房下100多米。承包商说，要花7万多元才能请人把建材搬上来。"我们自己动手！"陆兰军决定，全哨所民兵义务劳动。除了执勤，他们花了三个多月才搬完。每位哨兵为国家节约9000多元。

20多年来一直在潮湿的环境里工作，陆兰军已落下风湿病、颈椎病和骨质增生，右腿稍萎缩。但陆兰军依然每天带着哨兵们站岗、放哨、出操、巡逻。

他曾和老搭档、当了21年哨兵的韦胜才两人相约：死后埋在尖峰岭上，伴随着战友继续站岗。

（原载《广西日报》2012年6月9日第1版、第2版，作者：黄兴忠、韦佐）

【记者手记】

我们第一次驱车来到人迹罕至的尖峰哨所时，一下车便有气喘之感，是突然上到海拔 670 多米高山上缺氧所致，在云缠雾绕的山上，似乎总是飘着毛毛细雨。

走进哨所，除了几间房子外，做伴的就是寂静的山头和经常出没的蛇蝎，没有电，更没有商店，油盐米菜之类的都得从山下带上来。在这里不要说待一天，待一个小时都难受，而陆兰军一家三代人，却在这里坚守 33 年。

是什么让陆兰军一家三代坚守在这里？陆兰军说："是我家一直坚守的信念：'没有国家的安宁，哪有小家的幸福安全。'如果大家都因为清苦不上山坚守，谁来保卫边境的安全。"没有惊天动地的誓言，只有简单朴素的道理，陆兰军却始终坚守住这一简单却蕴含丰富国防意识的信念。

如果说二十世纪八十年代初，大家生活水平差别不大可以理解的话，改革开放后，山下的人纷纷做起边贸生意走上致富路，而陆兰军却不为所动，为戍守边境甘愿过着清贫的生活，让人敬佩。他说："不管什么诱惑，都动摇不了我守边固土的信念。边境安宁了，我心里才踏实。"

边境巡逻路线长 24.5 公里，有 26 块国界碑。尽管界碑所立之处人迹罕至，沿途到处都充满着艰辛和危险，但他知道，如果某一块被挪动了哪怕是几米，都意味着国土的巨大损失。为了界碑的安全，陆兰军每个月要带领哨兵在这崎岖的山路上步行巡逻 4 次，每次往返 49 公里，每月行程 196 公里，一年行程 2352 公里，22 年磨穿了一百多双鞋底。

为更好地守住边境的安全，陆兰军以哨所为家。自从当上哨兵后，在家里住的时间总共才 20 个月，不到 2 年，甚至在父亲重病住院期间，也只是匆匆到医院看望父亲一眼便赶回哨所，接到父亲病危的电话后，赶到家时父亲已永远合上了双眼，临死前也没能见上儿子一面。陆兰军说："不知道为什么，总觉得在山上的哨所里才睡得踏实。"

由于很少回家，陆兰军每次巡逻路过家附近时，年幼的儿子都会跑出来，抱住他不让他走，儿子多想让父亲停下来多陪自己一会儿。陆兰军何尝不想？可是孰重孰轻，他心里非常清楚，每次他都咬咬牙，甩开儿子，继续出发……

陆兰军，一位铁骨铮铮的汉子，几十年如一日，勤勤恳恳地守护着祖国的边疆大地；他朴实，不求荣华富贵，默默无闻地巡视着边境寸土，用自己的事迹谱出了一曲荡气回肠、爱国奉献的无悔赞歌。

（作者：黄兴忠）

悬壶济世当卫士 治病救人作前锋
最美医生李前峰

一根扁担，一筐药品，跋山涉水，十年独行。深山村寨，你建起最温暖的医院；群众呼救，你就是最快的"120"。当你的生命进入倒计时，仍不忘父老乡亲，你燃烧自己的生命，誓守山区百姓的康宁。

李前峰在颁奖礼上

李前峰挑着担子行走在巡医的山路上

身份：乡村医生

主要事迹：2003 年，李前峰主动请缨来到南宁市横县六景镇最偏远的大浪村开起卫生室。2008 年 5 月，李前峰被诊出尿毒症，仍坚持骑车进村为村民看病。2013 年初，他获中央电视台"寻找最美乡村医生"大型公益活动"最美乡村医生"称号。

【报道代表作】

燃烧生命当"前锋"
——记"最美乡村医生"、"人民健康忠诚卫士"李前峰

名字,曾成为李前峰的"烦恼"。上小学时,遇到困难,伙伴就起哄:"李前峰,你是'前锋',你先冲。"

李前峰笑笑,说:"冲就冲。"

一语应验。凡事冲在前,成了李前峰此后的人生信条。

2003年,李前峰从卫校毕业。同学们正忙着找"铁饭碗",他又创了先,回到村里,开起诊所。

同学不解。李前峰自有理。

李前峰出生于医生世家,祖上四代从医,他打小随长辈进山巡诊,百姓疾苦,刻骨铭心,感同身受。

横县六景镇大浪村有2300多人,散居大山深坳,方圆数十公里。过去无诊所,没村医。山路崎岖遥远,村民出山看病太难,有的重病患者,抬到半路就撒手人寰。

终于,大山迎来了李前峰。

一间瓦房,10余平方米,既是诊室,也是住所。

村医李前峰,就这样开启了他的行医生涯。

每天,他一根扁担,一头挑药箱,一头挑干粮,穿着一双拖鞋,跋山涉水,走村串户,为乡亲们治疗疾病。山路坎坷,摔爬滚打是家常便饭,蛇蝎伏击不足为奇。

一挑,就是10年。

一走,就走烂100多双拖鞋。

山路难行,李前峰咬咬牙,便爬了过去。

但他最头疼的,是改变村民的观念。男医生给女人看病,被怀疑"耍流氓";给小孩接种疫苗,担心今后不能生育。

无奈之下,李前峰挨家挨户,磨破嘴皮,说情讲理。

为给孩子接种疫苗,李前峰先给自己孩子打,让大家放心;为避免与女人肢体接触,他刻苦钻研中医把脉诊疗术。

群众眼睛自是雪亮。久而久之,大伙予以信任,纷纷前来寻诊,如有急病,就电话求助。

电话铃一响,挑担就出发,成了李前峰10年工作生活的主旋律。他时常半夜出诊,天亮才归。不管炎炎夏日,抑或数九寒冬,风雨无阻,有求必应。

村民感言:"李前峰的电话,就是咱村的'120'。"

李前峰戏说:"村民的电话,就是我冲锋的号角。"

有的村民经济条件不好,找李前峰看病抓药,只好先赊账。10年间,救过多少人,赊过多少账,他已记不清,而欠账超过一段时间,便自动删除。

李前峰说:"钱乃身外之物,百姓健康就是我的生命。"

用生命守护生命,李前峰身体力行。

10年来,因为他的坚守,医改之花在深山绽放,群众看病不再难、不再贵,健康意识亦大为增强。

然而,造化弄人。2008年5月,李前峰被查出患了尿毒症。

拿到化验单,他傻坐地上,一言不发。

良久,他把单子揣在怀里,回家;同时,写了另一张单子,给妻子。

那,是一纸《离婚协议书》。

妻子恼火:"你,搞什么名堂?!"

李前峰哽咽:"我的生命没多久了,你还年轻,不能跟着我一辈子受拖累,早离开,早解脱……"

责怪,止于心疼。

妻子把丈夫搂在怀里,泪如雨下。夫妻俩唠了一夜,唠等待他看病的村民,唠还年幼的孩子,唠一起吃苦的幸福。

擦掉眼泪,妻子说:"下辈子我还嫁给你。"

擦干眼泪,李前峰一家踏上了求医之路。

村民知道后,纷纷登门捐款,并联名向媒体求助。

在社会各界的帮助下，李前峰妹妹主动捐肾，并配型成功。2008年12月，他到北京做了肾移植手术。

术后，李前峰每天都要吃抗排斥药物，直至终身。即使如此，也最多只有10年左右的生命。

当生命进入倒计时，李前峰会做怎样的选择？

医生建议他休息一年，最好不再从事乡村医生工作。但休息3个月后，获知一村民急病发作，他立即"火线回归"，重新披上白大褂，挑起那根熟悉的扁担，又开始走村串户。

转眼，10年生命已过半程。

如今的李前峰，身体虚弱，腹部时常疼痛；即便空手行走，一会儿就气喘吁吁，大汗淋漓；几十公斤的药箱，压在肩上，重若千钧。

他曾在山路上晕倒，摔进溪流，幸得村民及时相救，才化险为夷。

他太累，该停歇了。

但他不愿，也不能。

就算是倒下，也要倒在岗位上。李前峰以生命的燃烧，诠释着对职业的忠诚。

他说："乡村卫生所是我国医疗卫生战线最前沿的阵地，乡村医生就像筑牢网底的卫士，不仅是'前锋'，还是'守门员'。我只有继续'冲锋'，才对得起给我第二次生命的亲友和村民。"

"最美村医"、"忠诚卫士"，李前峰实至名归。

（原载《广西日报》2013年1月11日第1版、第2版，作者：周仕兴）

【记者手记】

时隔半年后，在2013年"广西公民楷模新闻人物"表彰大会上，我再次见到李前峰。

从当初名字都写错（此前外界误将其写为"前锋"），到成为熟悉的老友，我眼里的李前峰发生了诸多变化。

两个细节让我记忆犹新。一是彩排时，主持人让我说几句话，因准备得不充分，说到一半，有些语塞。这时，李前峰微微拍了拍我的肩膀，示意不要紧张。二是在颁奖后，他在回家路上，不忘给我发了一条信息，表示"深切感谢"。

不仅如此,他不时还在QQ上给我留言,更在"好友圈"中呼吁爱心人士帮助他身边的困难者。

这两个细节,让我再次感受到李前峰作为一名医者最宝贵的品质:一是遇事淡定,处变不惊;二是常怀感恩之心。

现在的李前峰,身体不如以前,可以说生命进入了倒计时。为了预防不测,更为了父老乡亲今后的身体安康,他已把爱人送到南宁的卫校深造,以便今后接班。

作为一名乡村医生,李前峰一根扁担挑起父老乡亲的生命安危,把医者的仁心仁术做到了这个份上。他的故事,无疑洗涤着我们每一个人的心灵。

李前峰是我区医疗战线乡村医生的一个代表。在我区广大农村尤其是偏远山区,还有很多像李前峰一样的乡村医生。他们一心扑在农村卫生事业上,勤勤恳恳工作,不计个人得失,无私真情奉献。正是因为有了许许多多像李前峰这样的乡村医生扎根农村基层,执着坚守、甘于奉献,农村群众看病难、看病贵的状况不断得到改善,生命健康有了基本的医疗保障。

致敬李前峰!致敬万千奋战在一线的白衣天使!

(作者:周仕兴)

早出晚归田舍翁 劈山筑路新愚公
"路痴"老人周茂发

一条路,太短;一生路,很长。你用40年的人生光景,铺就14.5公里的村路。一人之力,万人共享。路无语,你默然。这路,通向何方?通向我们心里。

周茂发在颁奖礼上

周茂发在修一条从村里通往荔浦银子岩的路

身份：普通村民

主要事迹：阳朔县高田镇古登村委路腊村的68岁村民周茂发，经常独自一人在凌晨拿着电筒、录音机出门修路，40年来先后为村里修了5条路，总长14.5公里。为修路，他不惜将自家的房屋用于抵押贷款，然后卖牛还贷，无偿投入数万元资金。

【报道代表作】

"路痴"老人

在阳朔县高田镇古登村委路腊村,有一位年近七旬的老人,40年来先后为村里修了5条路,总长14.5公里。为了修路,他不惜将自家的房屋用于抵押贷款,然后卖牛还贷,无偿投入数万元资金。

披星戴月的修路人

7月17日中午时分,记者来到路腊村。"找周茂发啊?顺着这条他修的路一直走,看到那家很旧的土坯房,就是他家了。"热心的村民给记者指路。村里像周茂发家一样的土坯房已经不多见,前前后后都是新盖的两三层小楼。

旧草帽、白衬衫、解放鞋,肩扛一把锄头,这就是刚进家门的周茂发。"老周,你又去修了一夜的路啊?"村干部周茂名和周茂发寒暄着。"白天太阳大,再说年纪大了睡眠少,所以就凌晨3时出工,上午10时收工休息。"68岁的周茂发一边洗脸,一边说。

周茂发是复员军人,后来进了县里一家国企,下岗多年。如今,他的退休工资仅有一千多元。家里目前只有他一个人住,4个儿女都在城里工作,老伴进城带孙子了。他家几乎没有一件像样的家具。

"我们都觉得周茂发是个'路痴'。"一名村干部感慨地对记者说,他们对半夜出来修路的老周已经见怪不怪了。从1973年他从部队复员回来,拿起锄头、铲子开始修路那时起,他每天都独自修路十多个小时。

周茂发在小方桌前坐了下来,拿出一沓信笺,在上面写着:"阴,凌晨3时起床,修路至上午9时30分,再挖周家到彭家路面水沟……"这是老周的修路日记。每天收工回来,他都在这里写下几句,几十年下来,这样的信笺已经有上百本了。他说:"好记性不如烂笔头,将来我动不了了,还能把这些拿出来看看,还能回忆一下我这辈子都做了哪些事情。"

村干部周茂名回忆说,老周一般都是凌晨3时起床出门,早年是提着油灯,现在是腰间系着矿工电筒,提着一台录音机,拿着锄头、铲子出门修路。他铲土时,录音机就放在旁边,他一边听歌一边干活。

40年修路14.5公里

几位村干部掐着手指跟记者数了数,40年来,周茂发为村里修了5条路,总长14.5公里。

问起周茂发执着修路的缘由,他回答说,对不好的路,他"看不惯,也走不惯"。年轻的时候,周茂发在市区当了8年兵,见惯了平坦宽敞的路面。1973年,他退伍回到家乡时,见村里唯一一条通往镇里的路只有一尺来宽,村民们挑着重担走在路上,衣服还常常被荆棘钩破。他看不下去了,回家拿起锄头就修起路来。

70多岁的村民彭佳英至今还清楚地记得:"老周刚修路那几年啊,他经常带着几个年幼儿女跟着他一块去修路。有一年的大年初一,他带着两个小女儿,拿着锅和菜出来修路,中午就带着孩子在路上休息做饭吃,那个春节一连五六天都是这样过的。"

"不是孩子没人带,我是专门带着他们去吃苦的。"老周说,让儿女从小开始学会吃苦耐劳是很重要的,带着孩子一块去修路,就是最好的锻炼。

大多数情况下,周茂发都是独自去修路。一人挥锄奋战的时候,从录音机传出的歌声,陪伴他度过了许许多多披星戴月的时光。他说:"这些年听坏了4台录音机,第5台这两天听着也有点接触不良了,下次赶集拿去修修看。"

在修建路腊村通往外界的两条新路时,为在雨季前抢进度,收入微薄的周茂发拿出3000元积蓄,雇来8个工人,修了一个多月。

多年老往路里贴钱

朗梓到访石全长6.3公里的路,原先是羊肠小道,周茂发早年独自奋战,把它扩建成一米宽的道路。1995年,县有关部门终于同意拨款,把这条路再次拓宽。然而,有了财政拨款,修路的资金缺口仍然不小。周茂发一着急,瞒着妻子,偷偷将自家的房产拿去银行抵押,贷款1.2万元用于修路。后来,为了偿还贷款,他甚至把家里的牛卖了。

拓宽村道时，需征用一个猪栏的土地。周茂发决定买一块地跟猪栏的主人置换，这需要4000多元钱。他想起妻子刚卖完橘子，应该有点钱，但一开口就遭到拒绝，夫妻俩再次发生争吵。之后，他为了尽快拓宽道路，未经妻子同意，就把自家路边的几十棵橘子树砍了。妻子气得要打他。

村民们说，虽然老周的妻子因为修路的事情跟他闹过矛盾，但骨子里还算是站在他这边的。

修路精神感动村民

渐渐地，周茂发的义举感动了很多村民。他请来修路的工人经常主动提出工钱减半，一些村民主动加入到修路行列。周茂发总是热情地招呼来帮忙修路的村民们吃饭，有时拿不出买肉的钱，邻村屠户都愿意赊肉给他，因为大家都知道，老周赊账，只欠日子不欠钱。

为了解决修路经费问题，2003年，周茂发借钱买来一匹马，和几个村民组成了一个"马帮队"，专门帮人驮送货物增加收入。有活时就出去驮货挣钱，闲下来有钱有时间，也可以更好地修路。据村民们粗略估算，40年来，周茂发自己出资修路已超过4万元。

痴心修路的老周，成了路腊村人人敬重的名人，村民们走着他一天天、一条条修出来的路，总希望也为他做些什么。他61岁生日那次，家里人给他备了酒席，没想到很多村民带着寿礼不请自到，很多还是外村的，结果准备的10桌酒席变成了40多桌。饭后，村民们争相上台，为周茂发表演歌舞节目。

记者问老周："路修了这么多条，打算什么时候把自己的房子也修一修啊？""是有这个计划了。把房子修一修，也算给老伴一个安慰吧。"周茂发笑着说。

（原载《南国早报》2012年7月20日第21版，标题有删改。作者：唐晓燕、梁玉萍）

【记者手记】

　　阳朔县高田镇古登村委路腊村的 68 岁村民周茂发，40 年来先后为村里义务修了 5 条路，总长 14.5 公里。他经常独自一人在凌晨拿着电筒、录音机出门修路。早些年，孩子小的时候，他还带着年幼的儿女修路。为修路，他不惜将自家的房屋用于抵押贷款，然后卖牛还贷，无偿投入数万元资金。

　　记得我第一次见到周茂发老人时，他戴着草帽，扛着锄头，拎着一壶水和一台破旧的录音机，刚修了一晚上的路回到家里。在过去的 40 个年头里，很多个夜晚他都是这样度过的。

　　周茂发，一个普通的农村老人，一辈子为村里义务修了 5 条路，修路的钱是他用自家的土坯旧房做抵押，甚至是卖掉家里的牛，如此一点一点凑出来的。

　　采访时，我翻看老人每天坚持写下的上百本修路日记，试图从日记的字句点滴里找到老人执着修路的原因，但在和老人的反复交心聊天中，除了"路不好就修修吧"这句简单的话之外再没找到其他。

　　有一个场景，几十年过去了，周茂发一直没忘，跟我聊天时也不时提起。他说，早年他复员回到村里，看到村民们低着头弯着腰，在一片荆棘中艰难行走。村里本没有一条像路的路，即便走的村民很多，这条路仍然像偏僻山里的村民渴望走出大山走向外面精彩世界那般的艰难。

　　于是，老人心里便有了一个朴素而坚定的愿望——让村民可以抬头挺胸走路。从此，这个愿望便在老人执着的内心里生根发芽，他用四十年的辛勤浇灌，铺就一条条坦途，让怀揣梦想的村民从家门口出发，走向外面精彩的世界。

　　如今，老人的修路梦仍在继续。感动于他的执着，村民们加入老人义务修路的队伍，村里修路的锄头越挥越多，路也越修越远……

　　　　（作者：唐晓燕）

折翅不坠凌霄雁 逆风依旧向日葵
无腿少年张风

命运，夺去了你的双腿，你却凭毅力和乐观，站起另一番迷人的风景。茫茫人海中，你低人一截，你更高人一等。

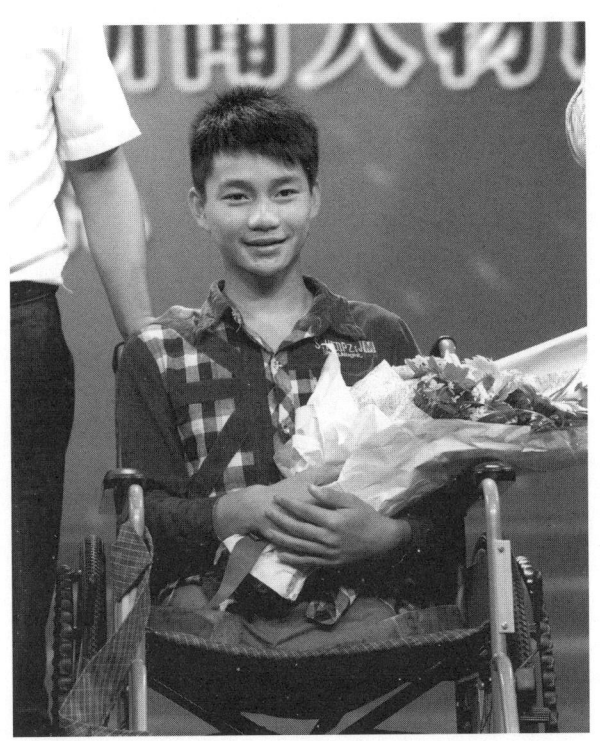

张风在颁奖礼上

张风和妹妹在做家务

身份：小学生

主要事迹：14岁的全州少年张风家境贫困，2006年的一场车祸，让他的双腿被高位截肢。在这本应无忧无虑的年纪，他的生命被贴上了"无腿"这一标签。但是，张风用两个小木块当作自己的鞋，撑起他那坚强的身板，努力学习、积极生活、笑对人生。

【报道代表作】

无腿少年 7 年练就 N 个坚强

高位截瘫,两块木块便是他的鞋;家境贫困,母亲有心脏病,父亲在一次事故中右小腿被截肢……但是,他笑容依旧,对未来充满信心。他,便是近日在微博上感动无数网友的无腿少年张风。

张风,14 岁,全州县安和乡水架村委船岑岭村人。2006 年的一场车祸,张风的双腿被高位截肢。在这本应无忧无虑的年纪,他的生命被贴上了"无腿"这一标签。

日前,记者前往桂林全州,探访这位坚强的少年。

教室里:黑板前作答,他和同学"一样高"

3 月 11 日上午,记者来到全州县安和乡中心小学六年级(5)班教室的窗外。在校长夏浩昌的指引下,记者看到了正在课堂上与同学们做实验的张风。

"张风,你上来演算一下这道题。"在这节关于圆锥体的数学课上,学生们通过教学仪器做完实验后,老师让张风和另一名学生上讲台进行演算。

对于普通学生而言,从座位到黑板只有几步路。但是张风怎么"走"过去的呢?

只见张风迅速地用一只手撑住地上的一块木块,从椅子上下来后,另一只手又撑住另一块木块。在记者的相机还来不及对焦时,张风已经借助这两个木块来到了讲台上。老师很有默契地把教师的椅子放在黑板前,张风便又迅速地"站"上椅子在黑板上进行演算。这时,他与另一位上台演算的同学一样高。当老师给他的演算题打上钩时,张风露出了一丝略有得意的笑容。

操场上：依靠有力的双手，他也能够打羽毛球

体育课上，张风被安排在队伍前列。"进行体育运动了！"张风跟其他孩子一样按捺不住激动。老师一声"解散"后，张风用双手撑在木块上，靠双手用力迅速向球场上"跑"去。拿着羽毛球拍，张风只能靠一只手移动身体，但是发球接球都不耽误。在打羽毛球时，张风的同学都会有意将球打到张风的身旁，让他可以轻松地接到球。虽然如此，张风还是输球的时候多。尽管球技不佳，但张风笑得很灿烂。

由于长时间撑地，张风的双手已经结起了厚厚的老茧。这双手比同龄人略大，记者试着与他掰手腕，感觉他非常有力。

张风的班主任蒋爱荣告诉记者，张风的学习成绩很好，各种体育活动都会积极参加，也非常合群。"张风很厉害的，打篮球、羽毛球都会！""他其实叫少年张三丰，会武功的！"……看到记者采访张风，他的同学在旁边插嘴说。

妹妹说："有时哥哥'跑'得比我还快！"

3月11日中午，记者来到了张风的家。

张风家有两间房，其中一间是厨房。打开厨房门，除了一个火塘上面用来支锅的铁架，几乎没有可以称作炊具的物品。对此，张风的母亲李元玉解释说，她与丈夫在附近的一个小厂打工，为了做工方便，便把家里不多的炊具拿去那边做饭了，需要在家做饭时再拿回来。

厨房的门口有一部破损的轮椅。这部轮椅是张风出事不久后，父母花800元买的，后来坏了无法使用。他们的另一间卧室兼起居室，只有简单的家具，电灯是家中唯一的电器。房间的正中有一张双人床，这张床平时睡着他们一家四口。

"就是我去看病带着他，才出了车祸。"李元玉介绍说，她患有心脏病一直不能干重活，张风在陪着她去看病的路上出了车祸。张风出车祸4年后，张风的父亲张小新在打工时，被采石场滚落的石块砸中右腿导致了小腿截肢。至此，一家4口人，只有5条腿。

12岁的妹妹张美华，是这个家唯一健康、健全的成员。由于兄妹所在学校为寄宿制学校，同样上六年级的她担负了照顾哥哥的任务。很多时候，她还是哥哥的双腿。之前哥哥不太会用手走路时，是她用自行车载着或用肩膀背着

他上学。"哥哥现在重了,快背不动了。"张美华有些不好意思地说。不过她又说:"现在要是不拿东西,他'跑'得比我还快!"

妈妈说:"宝崽,读书才会有出息。"

张风在出车祸后,因伤休学了一年半。由于行动不便,加上失去双腿后的悲观,张风也曾不愿意上学。对此,母亲李元玉做起了他的工作。李元玉告诉儿子:"你以后是没办法干农活了,只有靠读书考上大学,才有可能改变自己的命运。"

听了母亲的教导,拿着父亲做的木块练习"走路",张风在留级后与妹妹一起走进了校园。校长夏浩昌介绍说,一开始张风来学校上学还有些不适应,表现得很悲观。在学校里,老师和同学们不仅没有看不起他,还在各方面对他进行照顾。老师们也为此对他进行开导,渐渐地张风便与同学们打成一片。除了身体残疾外,张风如今与其他孩子已经无异,而且学习更加努力并乐观开朗。夏校长表示,每年的开学期间学校会举行募捐活动,将募捐所得的钱送到张风等13名需要帮助的学生手上。

"宝崽(注:当地方言,表示孩子、宝贝的意思),读书才会有出息。"在张风再次离家上学时,李元玉又叮嘱了一句。"眼下,我最希望有一辆残疾车及一台电脑。车可以代步,电脑可以开阔我的视野。至于未来,我想上大学。"张风说。

(原载《当代生活报》2013年3月13日第8版,作者:陈强、蒋涛、王滋创、王华成)

【记者手记】

总有些悲剧让你戚然,也总有些人会给你感动,给你战胜一切困难的勇气及信心。无疑,张风就是这样一个人。

一次偶然的刷微博,让我们在网上看到了这位无腿少年。当时,我们更多的是震惊,更多的是唏嘘。而在见到张风之后,我们更多的感觉是钦佩——这孩子超出了我们想象的乐观和坚强。

2013年3月份,我们在全州安和乡中心小学里见到了张风。这个靠两个小木块当"脚"的孩子,说话时很腼腆。在他的脸上,常常带着微笑,如春日暖阳一般。

张风的母亲说，车祸中失去双腿后，大家都不知道孩子以后会怎样。在伤口好了之后，张风主动对家人说："我要读书。"

由于用轮椅不方便，张风用着父亲给他做的两个小木块行走。一开始，伤口磨破了，鲜血渗了出来。但他没有放弃，咬着牙用双手"走"出了上学路。我们握了握张风的手——结满茧子，明显大于同龄孩子并且十分有力。

体育课上，"站"在队伍中的张风只能及同学们的腰部，但是他微笑依旧。当老师宣布解散后，张风马上便跟同学们打成一片，羽毛球、篮球样样都能玩。

在采访中，从旁人的述说中，我们听到的基本都是苦难。可是张风却没有跟我们说过一点点苦，没有说过一点点痛，说的是他喜欢某个歌星，说的是他想上最好的大学。而且，对于上最好的大学，张风的理由也很朴素——以后能够工资高点，让一家人都过得好点。

被评上2013年度"广西公民楷模新闻人物"时，张风上台领奖时的背景音乐是《隐形的翅膀》。如那首歌唱的一样，我们相信这个坚强乐观的孩子，会用他那双隐形的翅膀，飞向他理想的彼岸。

(作者：陈强、蒋涛)

爱心每随车轮动 言行全与雷锋同
爱心"的姐"姚海燕

每一天,你穿梭在大街小巷。每一刻,你传递着社会的正能量。雷锋虽远去,精神随你行。小小车厢,大爱无疆。

姚海燕在颁奖礼上

姚海燕和她的"雷锋车队"队友们

身份：出租车司机

主要事迹：三年来，姚海燕每月固定拿出一天的工钱，资助柳州市柳开社区全身瘫痪的特困老人许师傅。2012年5月20日，她发起成立柳州第一支出租车"雷锋车队"，并建立起爱心基金，帮助特困、残障人士。2012年，姚海燕入选南国今报发起评选的柳州市"年度十大公民榜样人物"。

【报道代表作】

一支"雷锋车队" 温暖一座城市

每月为柳开社区一位卧病居民"打一天工";发起成立柳州第一支出租车"雷锋车队";建立爱心基金,帮助特困、残障人士……这就是柳州"的姐"姚海燕。哪怕出租车内只有一平方米,她也要带领队友,把这"一平方米"的温暖奉献给社会。

11月9日,姚海燕"雷锋车队"又义务接送了一批残障人士游览新柳州。记者跟随车队采访,在初冬寒意中,感受到阵阵温暖。

搭载残障人士,游览新柳州

姚海燕今年39岁,是柳州润达出租汽车公司的一名"的姐",由她发起的"雷锋车队"成立于2012年5月20日——全国第22个助残日当天。目前,共有13辆出租车、30多位的士司机加入到了"雷锋车队"行列中来。

9日这天,"雷锋车队"要接送的乘客是柳州市鱼峰区工疗站的工疗员。尽管事先了解到这些乘客都有精神或智力障碍,出去一趟可能会给车队添不小麻烦,但一接到工疗站求助,姚海燕还是毫不犹豫地一口应承下来。

"这些工疗员大多没有正常人的智力,大家就把他们当作小孩。"姚海燕交代"雷锋车队"队友,面对这些特殊乘客,"一定要多用点耐心,脸上常带笑容"。

上午8时30分,"雷锋车队"派出的11辆出租车冒着蒙蒙细雨,载着31名工疗员从位于鸡喇路的鱼峰区工疗站出发了。车队先来到柳州工业博物馆,又绕行新建成通车的白露大桥、鹧鸪江大桥,最后到达位于柳石路的万聚休闲农庄。

而每到一个游览点,姚海燕都忙前跑后,引导车辆停放,陪伴工疗员参观。她头戴志愿者小红帽,身着一件桃红色的棉背心,在队伍中像一团跳跃的火焰。

行善助人，带动更多"活雷锋"

"雷锋车队"的"的哥"周作维告诉记者："我们加入'雷锋车队'，合力帮助有需要的困难群众，是受到队长姚海燕乐于助人行动的影响。"

"雷锋车队"队友们都知道，姚海燕长期资助着柳开社区全身瘫痪的特困老人许师傅。两年来，她每月固定为许师傅"打一天工"——每月资助100元钱，用于改善老人生活。平日里，只要许师傅有需要，她也总是义不容辞当司机接送。

平时顺路搭载行走不便的残疾人、老年人，这样的善意之举，对姚海燕来说，是常有的事。有一次，一位乘客上车后，发现口袋被割破，钱包被偷走。姚海燕不仅将他送到目的地，还免收了他打车的费用。

在姚海燕的带动下，"雷锋车队"平时都自觉竭尽所能帮助有困难的群众："的哥"李洲华发现一位乘客的皮包遗落在车上后，驱车赶往白莲机场，把装有重要证件和数千元现金的皮包，交到即将登机的失主手上；"的哥"姚志强看到一位乘客腿有残疾，行车到达目的地后，他毫不犹豫地把这名乘客背上楼，送到了家门口；一位老人从外地来柳探亲，上了出租车后却忘记了亲戚的住处，是"雷锋车队"的的士司机，载着老人一个个小区寻找，最后把老人安全送到亲戚家中，而搭载老人寻找亲戚住处的车费，这位司机却分文未收……

建"爱心基金"，慰问特困残疾人

姚海燕来自武宣县农村，她19岁那年来柳州打工，如今扎根城市，有了自己的事业。姚说，自己一路上得到了很多热心人无私的帮助。懂得感恩，回报社会，是她一心向善的动力。

姚海燕记得，刚到柳州开出租车不久，她驾驶的车辆在路上发生故障，一位正在执勤的110巡警看到后，热情地帮助她更换漏气的轮胎。2000年初，姚海燕辛苦攒钱买的出租车被劫，是车队队友伸出援手，资助她重新购置了一辆新车，又是柳州警察神勇破案，为她追回了被劫车辆。

一个进城打工的农村姑娘在柳州感受到家一样的温暖。姚海燕告诉记者，她要把这份温暖通过出租车这小小的空间不断传递下去，帮助更多有需要的人。

记者了解到，发起成立"雷锋车队"后，姚海燕又倡议建立"爱心基金"。到目前为止，"雷锋车队爱心基金"已募集到5000多元爱心款。多名特困残疾人士，都先后收到了"雷锋车队"用爱心款购买的大米、食用油等慰问品。

这次向本报"公民榜样"评选活动推荐姚海燕的柳开社区主任梁静青告诉记者，姚海燕经社区居民推选，已获评鱼峰区天马街道2012年第一季度"身边好人"，希望这次通过今报报道，让更多市民认识这位充满爱心、给人带来温暖的柳州"的姐"。

（原载《南国今报》2012年11月13日第10版，作者：刘山、刘玉林）

【记者手记】

第一次采访姚海燕，是她与柳州市柳开社区一位贫困、瘫痪居民签下帮扶协议。她承诺，每月为他打一天工，捐出这一天开出租车赚取的工钱，用于补贴他的生活费。

第二次采访姚海燕，是她成立"雷锋车队"，倡议建立"爱心基金"，发动身边更多人，去关注社会上的贫困、残障人士。

此后，我多次跟随以姚海燕为队长的"雷锋车队"，到社区慰问残疾儿童家庭，去鱼峰区残疾人康复中心送温暖，进中小学校给贫困学生赠送学习用品……

姚海燕曾经得到很多人的帮助，从一个打工妹成为新柳州人，今天，她用自己的爱心，带领"雷锋车队"，奉献社会，用实际行动践行着对社会的承诺。

这是一种爱心的影响，更是社会正能量的传递，是新时代雷锋精神的楷模。帮助残疾特困人群，那是一种感恩，是一种爱心的传递。姚海燕和她的队友们以爱心和的士推动社会文明进步，用爱和温暖雕刻灵魂深处的碑铭。

人与人之间，需要这样的好人。这样的好人越多，我们的社会越和谐。

（作者：刘山）

高尚品德孝为首 美好情谊义当先
孝心兵哥何高美

战友是金，沉沉甸甸；战友是魂，嵌入心田。即便未曾谋面，此情亦紧紧相连。你以16年敬孝，诠释了什么是"上阵亲兄弟，退伍父子情"。

何高美在颁奖礼上

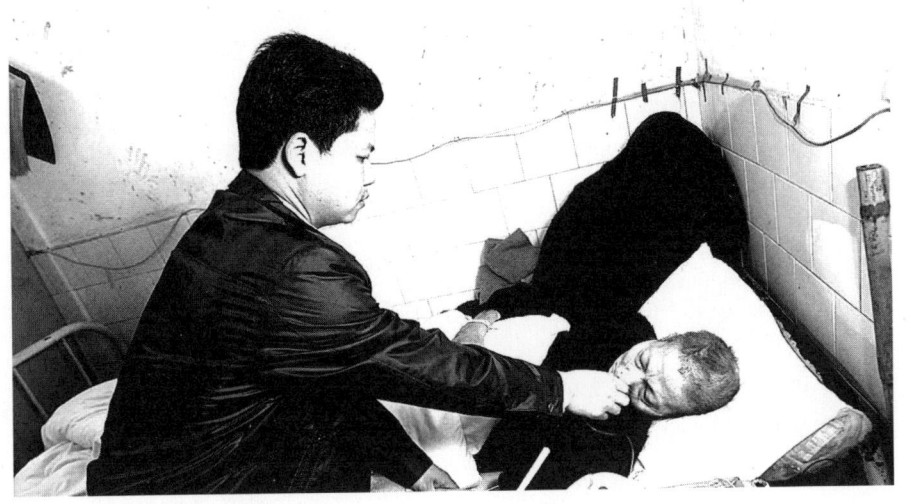

何高美在病床前照顾阿爸

身份：退伍军人

主要事迹：三江侗族自治县的苗族爸妈痛失爱子，何高美为素未谋面的战友尽孝道，承担起了一个儿子的责任，给了战友父母一个完整的家，16年不言悔，谱写了一段人间大爱的佳话。

【报道代表作】

孝心兵哥

一边,是抚育自己长大的亲生父母;一边,是失去唯一儿子的战友父母。是远离亲人,到一个陌生地方给别人做儿子;还是选择留在部队,继续做亲生父母的乖儿子?经过一番纠结,这个来自四川的汉族青年,还是义无反顾地替才入伍25天便去世的苗族战友,承担起了一个儿子的责任,给了战友父母一个完整的家,16年不言悔,从而谱写了一段人间大爱的佳话。

第 N 次照料,他是病床前的孝子

4月10日,三江侗族自治县,雨,北风。

早上7时许,何高美提着在家做好的面条来到了医院,病床上的阿爸韦显光静静躺着等着他来。倒尿、洗尿桶、接温水给阿爸洗漱、抹身、擦脚,一切妥当后,他小心翼翼地喂阿爸吃面条。吃完面条,他扶着阿爸在走廊里活动一下筋骨。

8时许,他准备去上班。离开前,细心地掖了一下阿爸的被角。

中午12时许,他赶回家做好午饭再送到医院。阿爸吃好了开始午休,他也抓紧时间回家小躺一会。其间,电话就放在床头,让阿爸随时能找到他。

下午4时许,还在上班的他打电话问阿爸想吃什么。

傍晚,喂完饭,他又扶着阿爸在走廊里活动一下。

晚上近8时,他忙完家里的事后又赶到医院,接了一桶热水,给阿爸泡脚。

晚上9时许,阿爸睡觉了,他回家。

这是何高美一天生活的写照。从农历正月初三到现在,除了出院几天,阿爸住了近两个月院,何高美几乎都是这样度过。很多人都羡慕韦显光有这么孝顺的儿子。然而,他们并不知道,这个儿子只是他的养子。

第一次写信，他称呼他们"爸妈"

在何高美的低声述说中，时光倒流。

那时候，韦显光的儿子还不是何高美，而是韦玉国。

1996年1月4日，刚从三江侗族自治县老堡乡老堡村到广东花都当兵20多天的韦玉国，给家里写了一封信。他在信里说："母亲，今年过年孩儿不回家了，孩儿会好好磨炼自己的，请你和父亲保重身体。"没想到，这会是他的绝笔——6日清晨，在去训练的路上，他因车祸身故。

儿子遽然离世，对远在三江的韦显光和妻子覃汉姣来说，像是晴天霹雳。赶到部队料理后事时，韦玉国的战友们亲眼目睹了他们痛失儿子肝肠寸断的样子。同在一个部队服役的何高美也听说了这件事。

大约半年后，何高美所在连队的连长参加集训，作为部队文书的他，接过了连长给韦显光两老写信的接力棒。"给他们写的第一封信里，我喊他们爸、妈，还给他们寄了我的相片。"当时何高美寄来的穿着军装的相片，韦显光至今还保留着。

第一次见面，他们想让他当儿子

通了几个月的信，韦显光和覃汉姣都渴望见到这个部队的"儿子"。在他们的盛情邀请下，1996年中秋节前，何高美趁着探亲假，决定先到广西三江看望他们，再启程回四川老家。

那一天，覃汉姣和女儿韦江红早早摇着小船渡过河，在岸边等着他。当身高1.7米、身着军装的何高美出现在侗苗瑶壮汉聚居的老堡乡老堡村渡口，当他脱口而出一声"妈"时，覃汉姣已经不能自持，又是哭又是笑，直拉着他的手久久舍不得放开。

"村里很多人看着我们，阿爸还在家门口放鞭炮。97岁的奶奶以为是孙子回来了，塞了一个红包过来。"何高美说，那一年他在三江度过了自己的20岁生日，整个探亲假都没回四川老家。

韦显光老人说，当时妻子第一眼就看上了这个四川靓仔，要认他当儿子。

何高美返回部队后，覃汉姣就忙开了。"叔叔婶婶觉得一定要办理认养手续才能放心。"韦玉国的堂姐韦玉云回忆。那段时间，韦显光和覃汉姣经常往民政部门跑，稍有一点进展，就写信告诉何高美。

第一次纠结，要不要给他们当儿子

"我当初一门心思想留在部队发展，最初是想认他们做干爸干妈，我继续留在部队，如果他们有病有痛，我再去照顾。"这是何高美最初的想法。然而，当一封比一封恳切的信寄到他手里时，他才意识到，这对广西三江的苗族阿爸阿妈是认真的。

1997年6月，何高美第二次来到三江。"我跟阿妈一起去民政局咨询，当时工作人员答复，领养比生个娃仔还难。"何高美说，那天从民政局里出来，他悄悄松了口气。

然而，覃汉姣的执着远远超过他的想象。第二次、第三次、第四次……她带着他往民政局跑了又跑。"民政局后来说，除非有部队证明、双方父母都在场，才能正式办领养手续。"他说。

这下，所有的"焦点"都落在了他的身上。"阿妈哭着跟我说，她是多想要我当她的儿子。"想到如果他们的女儿出嫁了，就剩下孤零零的两个老人，何高美的心里很不好受。

可是，如果来当他们的儿子，他计划好的未来，就这么舍弃了吗？他的亲生父母，该怎么交代？思来想去，他辗转难眠了许多个夜晚。就在这反复的思量中，他心里的天平开始倾斜到了战友父母这边："我不忍心再看他们掉眼泪！"

第一次头痛，怎么跟亲生父母交代

何高美开始准备相关手续。"部队领导知道这件事后，支持我的决定，很快就把证明开好了，还叮嘱我一定好好干。"他说。

就剩最后一关了，也是最难的一关：怎么跟亲生父母交代？他说："我心里也没底。"

不久，远在四川泸州农村的何高美生母王运素收到了两封信。一封信里写着："把你们的儿子送给我好吗？我唯一的儿子已经没有了。"另一封信里写着："母亲，我决定好了，请支持我吧！"

王运素发愁了：这毕竟是自己的亲骨肉啊！但一向开明的她最终答应了儿子的请求。不过生父何昆义却不答应："如果去那边当郎仔（指女婿）还行，要给别人家当儿子万万不行。"

王运素于是帮着儿子说服丈夫："广西的阿妈这么伤心，能看中我们的儿子，说明我们的儿子很不错，送走一个，我们还有儿子。"在王运素和何高美的柔情攻势下，何昆义终于点头了。

为办手续，他回四川把母亲接到了三江。办完手续，王运素在老堡村儿子未来的家住了近5个月。村里人还记得，这名瘦小的女子天天背着背篓上山砍柴。而这些柴火，让退伍回来的何高美足足烧了2年多。

第一次被误会，他用行动来解释

1997年12月底，何高美退伍，直接来到老堡村，开始了他的新生活。

对这个四川小伙，一开始村民有一些想法。曾任老堡乡街道办主任的黄祖旺说："有人怀疑他是不是别有用心。因为那时部队补偿了8万元给韦玉国一家。那时的8万元好值钱的啦！他们认为他是为了图谋这笔钱来的，能待多久很难说。"

那是当时22岁的何高美第一次听到风言风语，不过，他没退缩。

在2001年得到当地政府照顾，进老堡乡农机站工作之前，他先跟着阿爸一起卖月饼，后来又卖猪肉。每天早早起来，进货、赶火车，到两个站以外的六孟村去卖，2年多风雨无阻。卖完猪肉，他赶去阿爸装矿石的地方，和阿爸一起装货、卸货。

渐渐地，村民发现这个四川小伙子对养父母极其孝顺，对各族乡邻村民也极为友好，才意识到，韦家因祸得福得了个好儿子。

覃汉姣也疼这个儿子，专门带他去看了当地的侗族多耶节和苗族的节日，这个汉族的儿子特别接三江的民族地气，很快就入乡随俗。

第一次贷款，他为了给阿妈治病

何高美还有另外一个苗家名字"韦玉洋"。这个名字，是韦显光和覃汉姣斟酌了很久后给他起的。"玉"，承韦玉国的"玉"字辈；"洋"，则寓意一个来自远方的儿子。说起韦家这个来自远方的儿子，老堡乡的知情人都会感慨：他对家里的老人真是好。

覃汉姣患有慢性胆结石，常年吃药打针。多少年来，老堡村的一树一草不知见证了多少次何高美背着她渡河爬坡的身影。

2002年，覃汉姣从田埂上摔下来，断了2根肋骨，何高美背着她翻山越岭去接骨。2006年，她患胆管肿瘤去世前，何高美在柳州市人民医院陪伴左右。他白天给阿妈端屎端尿、擦洗身子，晚上把席子往地上一铺就地而睡。一日三餐，总是照顾阿妈先吃，他再步行几十分钟到堂姐家吃。

明知阿妈已经医治无望，身无分文的何高美和妻子一商量，又去银行贷了2.5万元，给她做了一次胆管扩张手术，让她不用插胆管回家，度过人生最后的日子。当时，他和妻子每个月工资加起来只有1000元左右，之前为给阿妈治病已经贷款了1万元。那是他人生的第一笔贷款。

第一个孩子，不随他的姓

这几天，韦显光的类风湿性关节炎和尿结石又犯了，不得不再次住院。而距他上次出院，不过短短几天时间。"之前住院40天了，如果没得他，这辈子就难搞了。"他的话里，透露出对这个儿子的满意。

"是42天，没是40天。"因为用心，所以对阿爸住院的日子，何高美记得特别清楚。上一次出院，是3月25日。

那天，办好出院手续，他专程带着阿爸来到了侗乡风雨桥，让阿爸晒晒太阳。回到家里，"爷爷！"一声脆生生的招呼，听得韦显光心花怒放，那是他的乖孙女。何高美的女儿姓韦，叫韦诗佳，随爷爷是苗族。何高美说，这只是为了延续韦家的血脉。

只有"诗佳"，隐隐寄托了他的思家之情。"虽然经常跟生母通话，但不能在身边照顾始终有遗憾。她落泪时我是看不到的。"何高美说。而现在远在天津打工的王运素，用她最无私的爱，给了儿子最大的支持。十多年来，她三百两百地陆续给儿子一家寄来上万元，支持儿子的尽孝"事业"。

（原载《南国今报》2013年4月12日第10版，标题、内容有删改。作者：陈小燕、黄显巧）

【记者手记】

采访何高美，我两下三江。

第一次知道何高美的事迹，是在柳州市妇联一个评选活动的材料里。当时就觉得，这是一个难得的素材。

在 2013 年 3 月 8 日的评报栏中，值班总编李成连是这样说的："另一篇令人怦然心动的是《自己的爱情自己做主》。女主人公追求爱情、照顾老公的养父母的精神令人感动。同时最令我感动的还是她的丈夫——那位为了 25 天战友情，从四川来到三江做别人儿子，侍奉战友的父母如自己的父母，十六年如一日，为战友尽孝的何高美。这个人物、这个家庭太伟大了，太有战友情了，太有人情味了！力挺这两夫妻共同作为我们今年的公民榜样！感谢记者挖出了这么好的典型，读了这篇文章，如同前两年读小毛写的姜启禧事迹一样让我感动不已，甚至觉得还不够！文章对何高美这位四川来的退伍兵着墨不多，在文章中只是配角，可以另外专写他为主角，其妻子为配角。这是感动世人的新闻人物，可遇不可求的新闻题材！"

3 月，在李成连的前期指导下，我和黄显巧两次前往三江，采访这位孝子。第一次去，写出来的稿件不尽如人意，很多细节没有挖掘到位；第二次去，我们在三江住了几天，和何高美一家接触、交谈，了解到更多细节。采访回来后，在李成连的指导下，我和黄显巧几易其稿反复修改，最后，经李成连和编辑陈建春精耕细作，有了这篇见报稿，让更多读者知道了这位孝心人物，感受到了这份人间大爱。

(作者：陈小燕)

有心赠花香在手　无名栽柳春满城
隐身善者余柳春

归隐于市，来源于民。从善不留声，做事不留名。你取名"余柳春"，本意"给予柳州春天"，却给了我们所有人"春天"。

等待"柳春"的九张捐赠发票

身份：乐善好施的好心人

主要事迹：从2012年2月开始一直到7月，"余柳春"向柳州市红十字会捐助9次，共计2.4万元。但"余柳春是谁"成为红十字会最大的疑团。为此，红十字会借助《南国今报》寻找"柳春"。随后柳春"发声"，柳春并非真名，只寓意"给予柳州春天"，让大家不要再寻找她，她只想平静地做善事。寻找柳春、柳春现声、基金成立、爱心义卖、柳春捐款箱进超市、柳春被评选为"公民榜样"……随着报道的推进，"柳春"不再是一个人，而是一种精神。"柳春"以及"柳春基金"的发生、发展及成长过程，实际上是慈善力量的生发过程，是一种正能量的体现。

【报道代表作】

柳春，你在哪里？

2012年7月25日，柳州市红十字会工作人员来到银行例行对账，一个熟悉的名字再次跃入眼帘——余柳春。7月份她（他）分别通过银行转账捐了3次款：7月5日200元，7月14日500元，7月21日2800元。工作人员心里一算，从今年2月开始，余柳春已经捐助9次，共计2.4万元了。"余柳春是谁"成为红十字会最大的疑团。余柳春两次定向捐助给今报曾报道过的困难市民，她（他）肯定是今报的读者，按照这个线索，柳州市红十字会借助本报寻找爱心人士"柳春"。

两次捐助今报读者

今报与余柳春结缘源于2012年2月份，当时柳州市红十字会收到一笔8888元的个人捐款，捐款人没有留下自己的联系方式，只是自称"余柳春"，捐款意向注明：所有捐款用于帮助《南国今报》近期所报道的困难市民。

收到爱心款后，红十字会立即和本报取得联系，在本报3月报道的患病孩子中选了两名——3月7日报道的6岁苗族女孩卜圆青，以及3月12日报道的柳州市六中高三学生李应幸，进行资助。报道见报后，不到一个月，同一个账户，余柳春又汇入5000元，捐助意向上没有写明捐助对象。

2012年5月，为了让柳江县百朋中心小学的孩子们过上一个没有遗憾的"六一"儿童节，本报策划"你的愿望我帮实现"系列报道，讲述了百朋中心小学40名孩子的"六一"愿望。文章刚见报不久，第三笔、第四笔捐款又翩然而至，捐助意向注明：2000元捐助给百朋中心小学孩子，1000元捐给福利院儿童。5月31日，市红十字会和本报将2000元送到了百朋中心小学；6月1日上午，为柳北区育才特教学校送去了价值1500元的体操垫，这里的智障孩子一直希望能有一个练习体操的平台。

爱心行动感染身边人

昨日下午在柳州红十字会，记者看到了桌面上放着9张捐款发票，捐赠人一栏写着：余柳春。这些发票早已写好，但是迟迟不见有人来取。

这么多年来，余柳春是红十字会工作人员接触过最为特殊的捐助者。副会长丁慧明介绍，平日里，通过电子汇款的捐助者，都会打电话到红十字会核实捐助款是否到账，或者是到红十字会拿捐赠发票，但是余柳春从没出现，还一次次捐款，每次捐助数额都不相同，累计已达到24188元。

虽然没有谋面，但是余柳春这个名字早已令红十字会工作人员非常熟悉，他们在脑海里勾画着这位神秘的爱心人士模样：经济宽裕，富有爱心，不愿扬名。同时，她不仅自己是个热心肠，还是一名很有感召力的人，因为在7月5日的捐助单上，她写着：帮黄科文捐200元给困难儿童。这说明，她的行动感染了身边人，在她的感召下，她的朋友也加入慈善活动中。

希望柳春能现身

"柳春"究竟是谁？她是男是女？半年来，柳州市红十字会也试图找寻柳春，但是一直都没有任何的线索。因在9次捐助中，余柳春2次指定捐助给今报报道过的困难家庭，应该经常关注今报。为此，柳州市红十字会通过本报寻找"柳春"。

余柳春行善不图扬名，但她肯定非常关注善款是如何善用的。现在9笔捐款已经按照她的意愿使用，柳州市红十字会想通过寻找柳春，征询她对捐款使用计划的意见，将她的这份爱心化作涓涓甘泉，去滋润迫切需要关怀的困难群体的心田。如果你有柳春的任何消息和线索，或者你就是柳春，请你拨打电话13317722660，与本报记者联系。

(原载《南国今报》2012年7月25日第5版，作者：毛秋雁、张存立)

【记者手记】

这是一篇送上门的稿子。2012年7月,柳州市红十字会负责人丁慧明主动找到今报,需要用《南国今报》这个平台寻找一个人。我们详细了解后得知,从2012年2月开始一直到7月,爱心人士余柳春向柳州市红十字会捐助9次,共计2.4万元,但是人一直没有露面,"余柳春是谁"成为红十字会最大的疑团。

红十字会只找了今报一家媒体,除了是因为今报是柳州发行量最大的纸质媒体外,还因为余柳春在捐助单上注明:捐助给《南国今报》报道过的贫困家庭。毋容置疑,柳春一定是今报的读者。那么这些善款捐助给谁,柳春想如何使用这笔善款?为此,红十字会和今报开始联合寻找"柳春"。

随后柳春"发声",柳春并非真名,只寓意"给予柳州春天",让大家不要再寻找她,她只想平静地做善事。看着不断增多的善款,如何利用好这笔钱?柳州市红十字会与今报为此设立"柳春基金",专门帮助今报报道的困难家庭,同时也倡导更多人成为"柳春"。报道历时半年,在整个过程中,我们通过寻找,把市民的目光聚焦到参与柳州的公益事业上来。寻找柳春、柳春现声、基金成立、爱心义卖、柳春捐款箱进超市、柳春被评选为"公民榜样"……随着报道的推进,"柳春"不再是一个人,而是一种精神,"柳春"以及"柳春基金"的发生、发展及成长过程,实际上是慈善力量的生发过程,是一种正能量的体现。

通过今报报道,很多市民参与公益事业,他们的善款也汇入"柳春基金",成为一个个不留名的"柳春",如今"柳春基金"已经筹集善款20多万,帮助困难家庭超过了50户。如今,柳州人人都以成为"柳春"而感到骄傲,"柳春"成为一个城市精神。因此,当今报举行柳州市"十大公民榜样"评选时,"柳春"高票入选;2013年,"柳春"再次当选为"广西公民楷模新闻人物"。

(作者:毛秋雁)

当年获赠一滴水 今日回报三春恩
助人村干杨昌明

　　滴水之恩，涌泉相报。20年，感恩之"草"，在你的心灵生根发芽。四季变幻，愈发常青。你是"凌云草"，你更有凌云志。

杨昌明在颁奖礼上

杨昌明在分发物资

身份：村委主任

主要事迹：杨昌明十几年来默默地为贫困山区儿童奉献爱心，让更多的贫困孩子得到帮助，自己却生活清贫。他曾入围100名"感动中国人物"，荣获自治区"道德模范"提名奖，2010年被团中央授予"第八届青年志愿者优秀个人"光荣称号，2011年获得"广西青年五四奖章"，2013年2月荣获首届全国"雷锋奖"等。

【报道代表作】

爱，一直在路上
——记广西首位全国"雷锋奖"获得者杨昌明

30多岁的他通过捐资助学，以爱心奉献了赤诚，二十年来默默地为贫困山区儿童奉献爱心，从未间断。虽然他的生活非常清贫，但他一直坚持自己的爱心事业，让更多的贫困孩子得到帮助。他，就是杨昌明，凌云县泗城镇青年农民、共产党员杨昌明。同时他还有另外一个身份——红豆社区百色论坛的版主"凌云草"。

再次见到杨昌明是在2013年3月6日。得知他获得全国"雷锋奖"之后，打心里为他高兴，于是便决定对他进行专访，再进一步了解他近20年来平凡而伟大的感人事迹。

捐资助学20年，个人捐资15万余元

见到杨昌明，看到他一身的朴素，一脸的和蔼，很是风趣健谈。一个30多岁的汉子，做了近20年的爱心事业，这着实让人敬佩不已。在问及他什么时候开始做公益事业时，杨昌明告诉记者，1994年暑假，刚刚初中毕业的他把自己得到的25元稿费拿出来，再向亲戚借了50元，到朝里乡集市上收购黄瓜转到县城出售，头三天挣了7.6元钱，此后他坚持了1个月，总共赚了66元钱。这66元钱能做什么呢？杨昌明想到自己那位刚念到初中一年级便因家庭贫困而辍学的哥哥，还有只上过小学二年级的两位姐姐，知道这66元钱可以做些什么了。他从县团委"希望工程"办公室了解到一位正在本县东合乡白马小学上二年级品学兼优的小同学因父亲病故而面临失学时，他毫不犹豫地拿出自己挣到的六十多块钱到白马小学为该生交了学杂费。从此，他与捐资助学结下了不解之缘。

帮助别人，杨昌明心里很是开心。渐渐地，他的爱心活动常态化。1995

年"六一"儿童节那天，凌云县伶站瑶族乡希望小学校门前，一位青年男子下车后，把几个贴有"赠送伶站瑶族乡希望小学"条子的纸箱放在校门前，就匆匆离去。该校师生收到这些纸箱后，打开一看，里面有1000多本练习本及糖果、饼干。此后，每年的"六一"儿童节前夕，杨昌明都通过多种方式按时赠送礼物给该校师生。

在学校时杨昌明就一边学习，一边打工挣钱。由于他勤快，打工挣到的钱不仅能解决自己的学习费用，还有一些积蓄。他没有把这些用辛勤的汗水换来的钱用在吃喝玩乐上，而是想到比自己更困难的那些贫困小学生。1997年中专毕业后，杨昌明便在百色、凌云等地打工，2000年才开始进行个体经营，如今仍然过得很简朴，经济仍然比较拮据。几年来，他和妻儿老小基本都没怎么添置新衣服，自己穿的衣服大多是材料供应商赠送的文化衫，穿的裤子从没超过40元一条，皮鞋从没超过50元一双，但他对捐资助学却从不吝啬。

20年来，杨昌明利用自己的人脉关系和网络组织的爱心活动为许多的山村贫困儿童解决了一些在求学过程中遇到的困难。杨昌明不仅向希望小学献爱心，还热心支持和帮助其他学校的困难学生。从1998年起，每年的"六一"儿童节，他都向凌云县泗城镇上蒙村小学捐赠各种物品；2000年，该校建教学楼、球场，他也热心捐资。凌云县城重建太平桥、修建后龙山阶梯，他也分别捐了款。此前他的身份仅仅是一名中专在校学生到打工青年的转变。2002年秋，他在泗城镇政府院内看到为贫困学生罗雪梅上大学募捐时，就捐出口袋里仅有的50元。如此等等，善举不一一列举，20年间杨昌明从一名中专生到打工仔，从个体户到村干部，一路走来，累计为助学等公益事业共捐资15万余元。

善用网络，壮大爱心事业

杨昌明说，爱心事业不是一个人的事情，而是大家的事情。只有汇集更多爱心人士的力量，才能把爱心事业做强做大，让更多人得到帮助。做近10年公益活动的杨昌明，慢慢认识到一个人力量的单薄。在2004年接触网络后，嗅觉灵敏的他借钱购买了一台电脑，利用QQ群、BBS等网络宣传、带动和组织网络爱心人士，力求把爱心事业越做越大。

近几年来，杨昌明的爱心事业不断地扩大，特别是在广西新闻网红豆社区注册了"凌云草"的ID，并成功申请当上百色论坛的版主后，他的爱心活动筹集的物资和资金均价值数万元，为更多的人雪中送炭。如2007年组织网友为乐业县汉吉小学近 200 名师生新建爱心水柜；2009 年组织网友为凌云县十几名孤儿进行鲜花义买活动；2011 年为患脑肿瘤的代课老师发起的捐款活动；2012 年为羊囊村中心小学 192 名瑶族学生筹集过冬衣物，6 天时间，募集到衣服 2000 余件，购鞋款近 2 万元，购买新鞋 192 双，新袜子 390 双；2013 年 1 月组织网友为田阳县被火烧伤儿童农英敏捐款 15000 元；2013 年 3 月组织网友为那坡县烫伤农民李立高捐款 6000 多元……从 1994 年开始开展公益爱心活动至今，共组织和发起捐资助学等公益活动近百次，组织募捐达 100 多万元。

因为爱心，"穷"得无怨无悔

因为爱心，因为公益，杨昌明常被家人误解。杨昌明一家生活并不富裕，他的月收入仅 2000 元左右，上还有年过古稀的父母需要赡养。结婚十几年，生了 2 个小孩，4 口人租住在一间 20 平方米的住房，至今买最贵的一件外套 200 元，穿了 12 年。我们在杨昌明的家里看到，拥挤的房间里没有像样的家具家电，人多时不得不席地而坐。多年来从事爱心事业，杨昌明把自己收入的很大一部分都投入到了为贫困学生捐款捐物上，家里没有什么积蓄。提到自己的父母妻儿时，这个坚强的汉子也不免流下了热泪。他的妻子是 80 后，小他几岁，没有经历过太苦的日子，但也能从最初的不理解到支持。为了爱心事业，杨昌明说："生活过起来是有些清苦，但我是苦并快乐着，无怨无悔。在爱心事业上，我不是一个人在战斗。在爱心的道路上，我一定会坚持下去，让爱洒满天下。"

家庭和爱心事业，对于杨昌明来说都同样重要。20 年捐资助学，对于他来说只是一个开始，今后还有更多的 20 年要走，在爱心的道路上，杨昌明一定会坚持下去。

滴水之恩，三春不忘

这些年来，杨昌明得到了不少奖项。他 2007 年在首届中国网络媒体"感动中国人物"评选活动中入选 100 名"感动中国人物"，2010 年 12 月荣获"中国青年志愿者优秀个人"称号，2011 年获得了第十四届"广西青年五四奖章"，2012 年入选"感动百色十大人物"。2013 年 2 月 28 日，杨昌明还荣获了全国首届"雷锋奖"，是广西唯一的获奖者。这个奖项是对杨昌明爱心公益事业的肯定和支持。

究竟是什么原因让杨昌明对捐资助学、扶困助危如此坚持呢？杨昌明如是说："生活在大山里的孩子太苦了，他们没见过什么世面，看到书上那长长的厢车也不知道那叫火车，这正如我小时候看见了城里的房子竟然不知道为什么不是用茅草盖的，十一岁了还不知道什么是烧鸭一样……"

原来，杨昌明出生在偏僻贫穷的小山村，家里一直很贫寒。8岁那年，第一次进城上学后才看到石砖起的房，第一次看小孩子穿新衣服，第一次知道除了难得吃上的白米饭还有一种叫米粉的东西，第一次看到水泥路……杨昌明说，第一次吃上米粉是一位陌生的人买给我的，第一次吃到烧鸭是在我的班主任家中。一个人寄宿在学校，自己洗衣做饭，时常有同学送米、帮洗衣服。在学校里，他得到了很多人的帮助，对此很感动，觉得这世界充满爱心，也因此变得更精彩，于是心里暗下决心，以后也要帮助别人。

正如杨昌明起的网名"凌云草"一样，"爱心没有门槛，寸草也能勃发希望"。杨昌明的公益心源自于他小时候得到他人的爱心资助。感恩、坚守，杨昌明的公益事业一直是用心、用情、用志在做。他的每一个脚印都在见证着，滴水之恩，三春不忘。

（原载广西新闻网，作者：覃文书）

【记者手记】

2013年3月，获知我的老朋友杨昌明获得全国首届"雷锋奖"，真心为他高兴和祝贺。他是广西唯一一位获得全国"雷锋奖"的爱心人士，作为他的老朋友，我觉得更有义务和责任去挖掘、宣传他近20年来从事公益爱心事业平凡而伟大的感人事迹，让更多的人了解和支持他。

杨昌明，是凌云县泗城镇那合村村民，一个普通的党员，一个普通的农村干部。近20年来，他以自己在百色市和凌云县等地工作的微薄收入帮助贫困失学儿童继续学业，他的事迹被许多人所熟知，深深地感动我们。这些年来，杨昌明得到了不少奖项。他2007年在首届中国网络媒体"感动中国人物"评选活动中入选100名"感动中国人物"，2010年12月荣获"中国青年志愿者优秀个人"称号，2011年获得了第十四届"广西青年五四奖章"，2012年入选"感动百色十大人物"。2013的2月28日，杨昌明还荣获了全国首届"雷锋奖"，是广西唯一的获奖者，这是对他爱心公益事业的又一认可和支持。

与杨昌明认识是在 2005 年广西新闻网红豆社区的一次版主大会上，他有一个网络身份是红豆社区百色论坛的版主，名叫"凌云草"。初识杨昌明，就感觉到他的朴素、平易近人、健谈风趣和满腹爱心。杨昌明的公益事业从十几岁开始，为把他的爱心事业做得更好，他从 2005 年开始利用网络这个平台，组织和带动更多的爱心人士不断地开展各类公益爱心活动，至今从未间断。在与他认识的这十年里，每一次见面，杨昌明多数都是跟我谈及他的公益活动，寻求更多人的帮助和支持，共同做大做强公益事业。

最让我感动的是，这样一个平凡的汉子，35 岁的他做了已近 20 年的公益事业，个人捐助的财物累计已达 15 万元，至今没有给妻子儿女置下一套像样的房子，目前到处租房居住。2013 年 3 月，走进杨昌明拥挤的出租房，在这个小套间里，没有像样的家具家电，连坐的地方都没有，这让到访的我心酸不已。在他家里，我见到他的妻子，她笑着对我说："我没什么，但每年'六一'他都是陪着别人的孩子过的，自己的孩子什么都没有，只是苦了孩子。"从中我可以感受到他妻子笑容背面的辛酸，却能从她的眼睛里看到妻子对丈夫爱心事业的骄傲和支持。

采访中，我们见到杨昌明的小学班主任罗小琴。她告诉我们，杨昌明在小学时就很懂事，学习很刻苦。他生活很清贫，小小年纪自己洗衣做饭，为此他得到了很多同学、老师的帮助，给他种下了爱心的种子。

正是因为这一颗爱心种子，让杨昌明二十年如一日，无怨无悔地坚守着爱心之路。正如杨昌明起的网名"凌云草"一样，"爱心没有门槛，寸草也能勃发希望"。杨昌明的公益心源自他小时候得到他人的爱心资助。感恩、坚守，杨昌明的公益事业一直是用心、用情、用志在做。他的每一个脚印都在见证着，滴水之恩，三春不忘。

（作者：覃文书）

远在雪域有遗爱 何处春江无月明
最美"玥"光何玥

花样年华，凄美凋零。你匆匆而来，匆匆离去。天空没有留下痕迹，但你已飞过。你用生命最后的"玥"光，让他人重见光明。你爱心跳动的声音，我们永远在聆听。

何玥妈妈在颁奖礼上

何玥

身份：阳朔金宝小学六年级学生

主要事迹：2012年11月17日，12岁阳朔女孩何玥因患脑瘤不幸离世。何玥生前跟父亲提出自己想要捐献器官，当日下午，为帮助女孩完成遗愿，何玥家人签署了《无偿自愿捐献器官申请书》，挥泪送别爱女。18日，何玥的双肾以及肝脏经过中国器官分配与共享系统的分配，被分别移植到了两名尿毒症患者和一名肝病患者体内。《南国早报》第一时间首发这篇报道后，引起媒体广泛转载跟进。何玥先后获得"广西青少年道德模范"、"2012中华儿女年度人物"、"2012感动中国人物"等称号。

【报道代表作】

生命最后的"玥"光 照亮他人重生之路

"女儿,你是我们的骄傲,你的心愿我们来帮你完成……"11月17日凌晨,在阳朔县人民医院病房里,一位父亲久久地抚摸着脑死亡的12岁女儿的脸庞。16日上午,患脑瘤的女孩何玥病情恶化,被判断为脑死亡。她的父母决定遵照女儿的遗愿,捐献她的双肾和肝脏。

17日上午,两位受体的肾移植手术在解放军第181医院里进行,而何玥的肝脏则于当日上午被送往上海,将植入另一名等待肝移植患者的体内。

父亲说出女儿的遗愿

何玥是阳朔县金宝乡人。2012年4月,即将小学毕业的她,不幸被查出患有高度恶性的小脑胶质瘤,在桂林市做了第一次手术后,病情有所缓解。9月初,她的病情突然复发再次入院,做了第二次手术,然而,肿瘤已经扩散至脑部组织。

据阳朔县人民医院神经外科医生潘献彬介绍,手术后,何玥住到该院进行康复治疗,其间身体状态还算稳定。11月15日上午,何玥忽然无法言语,一度出现昏迷和呼吸困难的情况,医院采取抢救措施。16日凌晨,何玥被诊断为脑死亡,靠人工呼吸机维持生命体征。

"16日上午,何玥父亲跟我说,他女儿此前曾对他说过,如果病情加重无法治愈,她想捐献器官。他们要帮女儿完成这个心愿。我很吃惊,一个12岁的小女孩居然有这么高的思想境界。"潘献彬说。他去查房时,经常能看到何玥在家人搀扶下在病房里一步步艰难地走着。即使病情在恶化,小小身躯被病魔折磨得痛苦不堪的时候,她还是会对医生护士们微笑。"听她爸爸说,这孩子最喜欢的一首歌是《水手》,她经常用里面的歌词鼓励自己,而她最大的愿望,则是能再回到学校里上课,跟老师同学们在一起。"

她是亲人眼中最优秀的孩子

在亲人们眼里,何玥是个爱学习、有爱心的女孩。何玥的姑姑何女士哽咽着对记者说:"今年4月份,做完第一次手术后的第三天,她就回到学校上课了,回去的第一次考试,三科还考了250分,有一科没上90分,她还埋怨了自己很久。"

据何女士介绍,她哥哥、嫂嫂常年在广东打工,之前何玥也是跟着父母在广东汕头读小学,直到五年级才回到金宝老家读书准备升初中。"家里满满一面墙都贴着她的'三好学生'之类的荣誉奖状。"

病重的日子,何玥的叔叔、婶婶们也一直守在病床边照顾着。"玥玥好几次无力地躺在床上,连抬眼皮的力气都没有,但是只要一听我们说到读书和学习,她总是用力睁开眼睛,甚至用手把自己的眼皮撑开,看得我们心酸得掉眼泪。"

何玥的婶婶流着泪告诉记者,何玥还是一个很有爱心的孩子。汶川地震的时候,她不仅把自己存下的零花钱全捐出去,还逼着她爸妈把一个月的工资捐给灾区。这次生病后,学校的老师、同学来看她,还送来了捐款,她都要父亲把捐款捐出去给别人。"何玥家经济条件并不好,自从她生病以来,已经花了十几万元的医药费,都是亲友东拼西凑借来的,只要有一线希望,我们都不会放弃。"

何玥婶婶说:"14日傍晚,何玥给我们这些亲戚每人打了一个电话,最后一个电话就是打给我的,说想吃蛋糕让我给她买,当时还挺好的,我第二天一大早就带着蛋糕过来,没想到她突然病情加重,就这样走了。"

家人含泪同意捐献器官

在记者与何先生的短暂交谈过程中,记者注意到,泪水一直在他的眼眶里打转。

9月中旬的一天,在广东打工的何先生一听说女儿病情恶化又住院了,便马不停蹄赶了回来。他万万没想到,女儿的第一句话就是:"爸爸,我想把自己的器官捐出去,行不行?"

何先生说:"我当时脱口就骂了她一句神经病,怎么会有这样的想法。后来她跟我说,她无意中听到医生跟她妈妈的谈话,说她只剩下三个月的生命,她希望能尽自己的能力给别人生的希望……说来也巧,前几天看到你们的报纸上刊登了一个藏族小伙患尿毒症,等待合适肾源进行移植的消息。像他这样的病人还有很多。他们也是自己父母的孩子啊!想到这里,我忽然觉得,女儿的觉悟是我这个当老爸的都赶不上的。"

11月16日,当女儿被诊断为脑死亡后,何先生将女儿的遗愿告诉了妻子和亲友。何玥的母亲起初不同意,但当她听到这是女儿最后的心愿,女儿的器官可以挽救其他人的生命,也相当于女儿的生命在延续时,她含泪点头了。

何玥的婶婶哭着告诉记者:"从我们自己内心来说,真的不愿意,但这毕竟是孩子的心愿,我们要帮她实现。"一家人,包括无法承受孙女去世噩耗的何玥奶奶,最终都想通了。

告别时,父亲哭着唱"你是我的骄傲"

17日零时,赶到阳朔县人民医院的多位医疗专家再次对何玥进行检查,确认她已经脑死亡。

何玥的爸爸妈妈、叔叔婶婶、姑姑等亲友在病床前,为何玥做最后的仪容整理。何玥的妈妈打来温水,流着眼泪默默地为女儿擦脸、擦身体。何玥爸爸温柔地抚摸着女儿的额头,凑在女儿耳边说着叮嘱的话:"玥玥,不要哭,你要勇敢啊。以后睡觉不要踢被子,你是大人了,快到入团的年龄了,现在当班干,以后要做团干啊……"

"女儿,你总笑爸爸唱歌没有你好听,现在爸爸把你走前唱的最后两首歌——《红旗飘飘》《你快回来》唱给你听,你听听看好不好听。"

"五星红旗,你是我的骄傲;五星红旗,我为你自豪……"唱到这里,何玥爸爸强忍很久的泪水终于夺眶而出,泣不成声地说:"女儿,我为你骄傲;女儿,我为你自豪!"

病房里所有的人都流下了眼泪。

00时40分,亲属和医护人员在何玥床前举行遗体告别仪式。在何玥爸爸《你快回来》的歌声中,女孩的美丽容颜铭刻在人们的记忆中。

所捐器官拯救三人

17日凌晨4时许,何玥被送至解放军第181医院,她的双肾以及肝脏被取出。

据181医院器官移植和透析治疗中心主任眭维国介绍，经过成功配型及相关程序后，17日上午10时许，何玥捐赠的两个肾脏被分别移植到两名男性尿毒症患者体内。当天下午4时许，两台手术取得成功。

眭维国告诉记者，何玥捐献的肝脏经过中国器官分配与共享系统的分配，在17日上午已经运送至上海，将植入另一位肝病患者体内。

记者从181医院方面获悉，考虑到何玥家的经济情况，对何玥治病期间的医药费用，医院方面曾提出给予何家一定的经济补助，但被何先生婉拒了。何先生希望这次完成女儿心愿的捐献是一次完全彻底的捐献，更希望在完成女儿遗愿的同时，能带动社会上更多的人加入到自愿捐献器官、拯救更多需要帮助的人的行列中来。

（原载《南国早报》2012年11月18日第12版，内容有删改。作者：唐晓燕、袁波）

【记者手记】

2012年11月17日，12岁阳朔女孩何玥因患脑瘤不幸离世，何玥生前跟父亲提出自己想要捐献器官，当日下午，为帮助女孩完成遗愿，何玥家人签署了《无偿自愿捐献器官申请书》，挥泪送别爱女。18日，何玥的双肾以及肝脏经过中国器官分配与共享系统的分配，被分别移植到了两名尿毒症患者和一名肝病患者体内。《南国早报》第一时间首发这篇报道后，引起媒体广泛转载跟进。何玥先后获得"广西青少年道德模范"、"2012中华儿女年度人物"、"2012感动中国人物"、"第四届全国道德模范"等称号。

一年多过去了，如今提笔，我仍对2012年那个冬夜记忆犹新。

那晚，我陪着何玥的父母，在场见证这位最美女孩燃尽自己，用生命最后的"玥"光，点亮他人的生命之路的大爱历程。回想那刻的心情，除了沉重和悲痛之外，更多的是被感动和震撼着，感动于如此大爱竟出自一个12岁女孩的纯洁内心。

在之后的一系列采访中，我和何玥的父母成了朋友，这一家三口在我心中有了更清晰的模样：父亲刚毅坚强，母亲腼腆温柔，女儿乐观善良。我更努力找寻一个答案——12岁，一个还没来得及长大的年龄，哪来那么大的一颗心和勇气。

在何玥的笔记里，在亲友师生们的口中，我看到一朵饱含爱的花蕊，时刻等待绽放，周围的一切美好，都是滋润它盛开的雨露。

可惜，还没等来美丽的绽放，花朵就要凋谢。所幸，一直支撑花朵的枝叶，始终紧紧将花心托起，让它的美丽在人间绽放。

何玥的父母就是那最坚强的支撑。他们带着女儿最美的遗愿前行，用自己的行动打破传统观念，为更多期待重生的人迎来生命的希望。

如今，何玥已经离我们远去。但她的爱飞越了雪山，飞进了更多人的心中，传递得越来越远。她留下的这份最真诚、隽永的生命馈赠，让这朵美丽的生命之花以另一种方式怒放。

（作者：唐晓燕）

舍己义举恸柳水　青春无悔壮龙城
舍己青年梁家驹

将满18岁，在"成人"的门槛前，你纵身一跃，"站"起了一个大写的人。你用自己宝贵的生命，换回了另一个陌生的生命——生命在陨落之际，升起更崇高的价值。

梁家驹的爷爷在颁奖礼上

梁家驹

身份：职校学生

主要事迹：在同学落水的危急关头，柳州市第一职业技术学校2011级男生梁家驹毅然从桥上跳下救人。同学得救了，他却筋疲力尽，沉入江中，18岁的生命戛然而止。上万龙城市民眼含热泪，来到他逝去的河边，来到他的追悼会上，悼念这位舍己救人的英雄。

【报道代表作】

班长为救跳桥女同学献出生命

为营救跳桥的女同学，一名男同学跟着跳进水中。最终，在他人的帮助下，女同学获救，而男同学却被江水吞没，献出了18岁的生命。昨日下午4时30分许，此事发生在柳州市壶西大桥水域。据了解，这名救人的男同学是班长，此前，他与班上几名同学一起开导跳桥的女同学。

获救女生全身发抖

昨日下午5时许，在壶西大桥下游约50米处的河滩上，刚获救上岸的17岁女学生晶晶低着头，面色凝重，看起来心事重重。她留着短头发，穿着红色的外套和蓝色的牛仔裤。由于刚被水浸泡，她冷得全身哆嗦。

此时，水上派出所民警正在全力搜寻晶晶的一名男同学。这名男同学叫梁家驹，现年18岁，是班长。半个小时前，晶晶不顾同学的劝解，纵身跳下桥去。为了救她，梁家驹也跟着跳下桥去。晶晶被在岸边巡逻的巡防队员救起，而梁家驹却被无情的江水吞没。

由于道路难行，民警和120救护医生翻下堤岸上的护栏，才能到达河滩。经医生检查，获救的晶晶除了手部略有擦伤，其他生命体征正常。

由于晶晶冷得全身发抖，岸上的老师丢下一件外套，但她并不愿意穿上。

晶晶的妈妈覃女士听到女儿跳桥的消息后，立即赶到现场。母女俩谈不上一两句话，就停下了。覃女士说，女儿最近情绪不好。因为女儿的事让一名男同学付出了生命，她说自己感到非常愧疚。

晶晶自称，她是柳州市第一职业技术学校的学生，2011年入学，因为心里有一些解不开的疙瘩，一时想不开，所以才跳桥。

全力搜救救人男生

事情发生后，与晶晶同班的二十多名同学赶到了现场。听说班长沉入了水底，不少同学默默流下了眼泪。昨日下午，一职校多名老师也来到现场。

据一名同学介绍，当时晶晶跳桥的位置位于壶西大桥靠西端100米处南侧。

民警在水面上搜救了一个小时，没有结果。昨日傍晚6时20分许，有一名市民称，下游在建的广雅大桥附近有可疑迹象，梁家驹可能已经漂到此处。听到消息后，民警立即乘船赶过去。学生们似乎也看到一丝希望，纷纷沿着西堤路往广雅大桥方向跑。

但在那里并没有发现梁家驹。民警又乘船回头寻找。

与此同时，民警通知了梁家驹的家属。亲属正从柳城县马山乡赶来。

昨日傍晚6时30分许，潜水队员开始潜水打捞。晚上8时50分许，潜水队员将梁家驹的遗体打捞上岸。据了解，发现遗体的位置在壶西大桥下游五六十米远处，离岸边十几米。昨晚，法医证实，梁家驹身体无外伤，确系溺水死亡。

巡防队员紧急施救

昨晚8时许，记者找到了救起晶晶的3名英雄。他们是柳州市社会治安巡逻防范总队桥堤支队一大队的巡防员廖悦丰、谢宗洋、韦勇。

昨日下午4时30分许，廖悦丰、谢宗洋、韦勇3人骑着摩托车在西堤路壶西大桥段巡查，忽然听见壶西大桥下的江面传来"砰"的一声响。他们停车查看。刚停好车，又听见水面传来"砰"的一声响。

"有人落水了，快去救人！"3人找到下河堤最近的入口，沿着河滩小路向落水者方向跑去。由于河滩上道路狭窄，3人只能成列奔跑，廖悦丰跑在最前面。

到了离落水者最近的地方，廖悦丰脱下鞋子，跳入水中。5分钟后，廖悦丰游到落水者的身边，看见一名穿着红色外套的女孩不断在水面挣扎，而男孩已经沉入水中，没有了踪迹。

廖悦丰发现女孩附近的水面漂有一根竹竿，他拿起竹竿递给女孩，然后再游到女孩身边，拉着女孩往岸边游。快到岸边时，谢宗洋、韦勇赶紧上前，和廖悦丰一起把女孩救上岸。

回到岸边，廖悦丰已经筋疲力尽。此时，女孩接近昏迷，说话断断续续，含糊不清。过了几分钟，女孩慢慢清醒，还不断把手伸向江心的位置，想自己下水去救回救她的男孩。3名巡防队员扶着女孩，不断安慰她。110民警赶到现场后，3名巡防队员把女孩移交给民警，然后回队。

"看到有人落水了，就想着救人，什么也没想。"廖悦丰对记者说，看到别人有危险，救人是每个人的本能，他在女孩附近发现的竹竿，也是好心人从桥上丢下来的。

牺牲男生乐于助人

据了解，梁家驹是一职校计算机专业的学生，担任班长。昨日下午，他和另外几名同学一起开导女同学晶晶。不料，在开导的过程中，晶晶跳下桥去。同学们说，由于担心晶晶有危险，梁家驹也奋不顾身地跳下桥去。

梁家驹的堂姐阿慧在柳州市区工作。阿慧介绍，她曾经多次去学校看望堂弟，也与学校老师有过多次交谈。学校老师告诉她，梁家驹成绩优异，也喜欢参加课外活动。作为班长，他对同学非常热心。同学遇到困难的时候，他也乐意帮忙。

阿慧记得，堂弟最喜欢做的事情就是摆弄电脑。平时电脑出了什么毛病，堂弟总是能修好。

昨晚，梁家驹的爸爸、爷爷从柳城马山老家赶到了事发现场。看到儿子出事后，梁先生一直在低头抽烟。记者看到，梁先生的眼睛已经湿润。他说，儿子小时候就会游泳，平时在家，他忠厚老实，孝顺长辈。

（原载《南国今报》2012年4月19日第6版，内容有删改。作者：周群能、廖艳明、张琪）

【记者手记】

　　我与一名做过缉毒武警的朋友聊过梁家驹的故事。这名朋友曾与毒贩近距离枪战，身体中弹受伤，多次立功受奖。他说，从二三十米高的桥上跳下河救人，很多受过专业训练的人都不敢。言语中，他流露出对梁家驹的敬佩之情。

　　梁家驹身高1.8米，爱好体育运动，有游泳的技能和救人的条件，从这点看，他并不莽撞。他之前就是热心肠，见义勇为并不只有这一次，看到有人落水，肯定会"跳下桥救人"。现场地理环境复杂，按正常途径救人，要绕行几百米才能找到入口下河。这样，救人的黄金时间就会耽误。梁家驹用自己的生命，换来了营救女生宝贵的几分钟。

　　难能可贵的是，梁家驹的家人尽管十分悲痛，还是原谅了轻生女生："家驹用生命去救你，也就是希望你好好地活着。"

　　梁家驹是个阳光懂事的大男孩，父母、老师、同学都喜欢他，喜欢与他交流，与他玩耍。

　　梁家驹是个爱读书的孩子，特别喜欢青春类的文章。在他的书桌和抽屉中，珍藏着好几本青春读物，如《我们的青春长着风的模样》《青春像自由一样美丽》等。

　　在家驹的速写本上，留有这样的青春语句：

　　那天的雨一直下着，滚落到手心，却一直是暖的。

　　那一天，被时间借走的自由、欢喜与爱重回我们的手上。

　　那一天，大雨没有浇灭花朵恣情吐出的鲜红色彩，那些停靠在草莓上的蜻蜓把翅膀扑成闪光的徽章，蝉声清晰而悦耳。

　　那一天，我们曾经执意要穿越的城池、山峦、河道、海洋、平原和边界，渐渐展开宏伟的地图。

　　那一天，我们开始真正地长大。

　　是的，18岁的梁家驹长大成人了，他的青春像自由一样美丽，他的青春像微风一样轻柔，悄然飞去，飞向天际。

　　　　（作者：周群能）

《南国今报》
2008—2013年"公民楷模新闻人物"名录

2008年度

1. 工人歌手——陈艺峰
2. 妻子的爱——朱桂英
3. 光明使者——王紫莲
4. 震区天使——蓝艳堂
5. 金婚夫妇——黄笃恭、谭淑姬
6. 举重伯乐——兰燕云
7. 爱心民警——莫小华
8. 柳州球迷——胡　哥
9. 社会良心——陈廷桂
10. 手足情深——周　骅、周　骏

2009年度

1. 无私夫妇——刘志成、梁爱新
2. 贤惠妻子——宿发姣
3. 工人魔术师——唐　威
4. 勇敢90后——李展鹏
5. 骑行领袖——刘增勇
6. 救人义士——莫祖凯
7. 便衣交警——黄仁念

8. 援建天使——宋　蕊

9. 抗癌铁警——李铁柱

10. 特教老师——王　静

2010年度

1. 无私义士——姜启禧
2. 铁面包公——廖天养
3. 街头歌手——罗国强
4. 绿林护工——兰秀珍
5. 消防铁人——刘定票
6. 痴爱丈夫——韦雄文
7. 最美护士——黄　冬
8. 送子观音——韦继红
9. 维和警察——何义超
10. 小镇医生——李晚英

2011年度

1. 敬老贤媳——韦　丽
2. 微笑民警——丁　锐
3. 红心老人——张　扬
4. 行善商人——莫小祝
5. 爱民村官——张石娇
6. 坚强母亲——林秀梅
7. 坚毅善者——谭士熙
8. 防艾医生——朱泓旭
9. 维和部长——张久生
10. 最美警嫂——黄武英

2012年度

1. 最美兵哥——雷湘君
2. 设计之星——刘 博
3. 救命飞侠——陈柳光
4. 党员商人——吕仁兵
5. 异地亲人——张炳祥、魏 冰、龚德清
6. 护林使者——石茂丰
7. 送菜爷爷——李合义
8. 爱心的姐——姚海燕
9. 舍己青年——梁家驹
10. 隐身善者——余柳春

2013年度

特别奖：孝心兵哥——何高美

1. 孝义汉子——李永忠
2. 苗山教师——孔金佑
3. 耄耋园丁——宋国祥
4. 雷锋理发师——浦 智
5. 大爱军嫂——刘彦芳
6. 小巷玉兰——韩玉兰
7. 茹苦养母——肖平珍
8. 擒贼勇士——叶 茂
9. 邻家善姐——黄梦玥
10. 火海少年——胡朝仁

后 记

总有一种力量让我们泪流满面。

2008年底,广西日报传媒集团旗下的南国今报首次在柳州推出年度"十大新闻人物"评选活动,将藏于报纸后的"公民榜样"请上舞台,与观众零距离感受了一场精神洗礼。

在此基础上,新闻人物评选最终上升为广西日报传媒集团层面的大型公益活动。2012年,在自治区党委宣传部指导下,广西日报传媒集团与自治区文明办联合举办了首届"广西公民楷模新闻人物"评选活动,将集团旗下广西日报、南国早报、当代生活报、南国今报、广西新闻网等媒体报道过的新闻人物进行集中展示,最终由读者、网友和专家共同评选出十位"广西公民楷模新闻人物",并予以表彰。

激情在这一刻点燃,感动在这一刻典藏。

感动,聚是一团火,散作满天星。数百万张来自读者、网友的选票,助力"广西公民楷模新闻人物"评选取得圆满成功,并连续成功举办了两届。目前,2014年评选活动也已进入尾声。

感动,昔日星星火,如今已燎原。"广西公民楷模新闻人物"评选活动已成为我区公民道德建设的品牌,成为推进"感恩教育"、践行"广西精神"的生动实践,成为培育和弘扬社会主义核心价值观的成功范例,也是新闻媒体履行社会责任的有益尝试。

当一个个感人的故事走进千家万户,当一面面公民道德的旗帜在八桂大地升起,我们决定将前两届当选"广西公民楷模新闻人物"的感人事迹结集出版,于是有了这本《感动八桂——广西公民楷模新闻人物谱》。

《感动八桂——广西公民楷模新闻人物谱》有几个特点:

第一,新闻人物,忠于新闻。本书选取的新闻人物,均是媒体最初报道过的新闻故事,原汁原味,没有修饰。

第二,平民楷模,源于平民。每一位公民楷模都是读者、网友评选出来的,来自你我身边,触手可及,可信可学。

第三，感动记者，记者品读。每一个人物，最初感动的是记者，专门配发的记者手记，从记者的角度去感受、品读、推介，分享新闻人物背后的新闻。

本书的编辑出版，得到了广西壮族自治区党委宣传部的大力支持，得到了自治区文明办的直接指导。这些人物的发现和传播，一线记者们付出了辛劳，还有广大读者、网友的热情参与和支持，在此一并表示感谢。

出版这本书的初衷是回顾过去，展望未来。将来我们还要继续做好"广西公民楷模新闻人物"评选活动，适时出版人物故事集，让更多的"公民楷模"感动八桂，涤荡心灵。

编著此书，时间仓促，尚有诸多不足，恳请广大读者多提宝贵意见，我们将在未来的工作中改进、完善。

让感动八桂的力量，陪伴你我同行。

图书在版编目(CIP)数据

感动八桂:广西公民楷模新闻人物谱/李启瑞主编.—北京:商务印书馆,2014
ISBN 978—7—100—09461—0

Ⅰ.①感… Ⅱ.①李… Ⅲ.①人物—先进事迹—广西—现代 Ⅳ.①K820.867

中国版本图书馆CIP数据核字(2014)第112839号

所有权利保留。
未经许可,不得以任何方式使用。

感动八桂
——广西公民楷模新闻人物谱
李启瑞 主编

商 务 印 书 馆 出 版
(北京王府井大街36号 邮政编码100710)
商 务 印 书 馆 发 行
广西大华印刷有限公司印刷
ISBN 978－7－100－09461－0

2014年6月第1版　　　　开本 787×1092　1/16
2014年6月广西第1次印刷　印张 13½
定价:32.80元